小野田さんに学ぶ
親子で楽しむ
キャンプ術
ジャングルで30年を生き抜いた知恵

小野田さんに学ぶ
親子で楽しむキャンプ術

CONTENTS
［目次］

はじめに

「小野田自然塾」と「B&G親と子のふれあいキャンプ」について

皆さんは、ジャングルの奥地で戦後30年間にわたって孤独な闘いを続けた元陸軍少尉、小野田寛郎《ひろお》さんをご存知でしょうか? 小野田さんは1922年(大正11年)和歌山県に生まれ、情報活動を行う陸軍中野学校に入校した後、22歳で残置諜者《ざんちちょうしゃ》の任務を受けてフィリピンのルバング島にわたりました。

残置諜者とは、敵地に留まり、情報を収集しながら命令があるまで味方の反撃に備える特殊任務です。そのため、小野田さんは終戦後も島のジャングルに留まり、命令の解除が正しく伝わるまで孤独な闘いを続けました。

帰国後、小野田さんはブラジルで牧場を営みましたが、1984年、日本の20歳の若者が大学進学をめぐって口論となった両親の命を金属バットで奪ったニュースを知って大きな衝撃を受けました。

「日本の青少年が心を歪めないために何か貢献したい」。そう考えた小野田さんは、長いジャングル生活で身につけた生きる力を、キャ

自然豊かな山間に設けられた自然塾のキャンプサイト。川の源流も散策できます

ンプ活動を通じて多くの青少年に伝えたいと願いました。

こうして、1989年に財団法人 小野田自然塾が誕生。1991年には福島県にキャンプ施設が建設されて、小野田さんの体験を活かしたキャンプ事業が進められていきました。

その後、「スポーツ・健康・人づくり」を合言葉に体育館やプール、艇庫からなる地域海洋センター施設を全国480カ所に建設し、各自治体に無償譲渡してきた公益財団法人ブルーシー・アンド・グリーンランド財団（通称：B&G財団）も、2006年から小野田自然塾の協力を得て親子参加型の「B&G親と子のふれあいキャンプ」事業に着手。現在、全国各地で展開しています。

この本は、「B&G親と子のふれあいキャンプ」の指導者が使うテキストをもとに作られています。キャンプのノウハウを楽しく紹介しながら、参考エピソード&実践マニュアルも付加していますので、大人が子どもにキャンプを教えるときなどにも役立ててください。

「B&G親と子のふれあいキャンプ」で子どもたちと言葉を交わす小野田さん

対談 小野田寛郎（小野田自然塾塾長）×笹川陽平（日本財団会長）

「日本の青少年が心を歪めないために何か貢献したい」という思いから、「小野田自然塾」を開いた小野田寛郎さん。その事業に支援を続けている日本財団の笹川陽平会長と小野田さんが、親子でキャンプを体験する意味について語り合いました。※文中敬称略（於 日本財団ビル 平成25年1月21日）

小野田寛郎（おのだ・ひろお）さん

大正11年、和歌山県生まれ。現在、（財）小野田自然塾塾長。昭和19年1月、久留米第一予備士官学校に入学。同年9月、陸軍中野学校二俣分校に入校、12月にフィリピン戦線へ派遣される。以後30年間、作戦解除命令を受けられないまま任務を遂行。昭和49年、作戦任務解除命令を受け日本に帰還。昭和50年、ブラジルに渡り牧場の開拓と経営を開始。昭和59年、子どもたちのキャンプ「小野田自然塾」を開設。平成17年、藍綬褒章を受章。

笹　川　親のあり方、子のあり方、そして親子のあり方について実践的な指導に励んでこられた小野田さんには頭が下がります。長い間の活動を通じて、親子の問題、子どもたちが置かれている現状についてどのように思われていますか。

小野田　自然塾のきっかけとなった「金属バット」事件（※注：4ページの「はじめに」参照）は、浪人生だった子が何になりたいのか自分でよく分からず、親もまたわが子が何に向いているのかよく知らなかったことが要因でした。とかく、親は自分が知っている道をわが子に歩かせようとしますが、子どもにしてみれば自分がその道に向いていなかったら大きな迷惑です。

もっとも、子も自分が何に向いているのか分かっていれば親と討論できるし、それでだめなら家を出て自活すればよいわけです。残念ながら、事件の浪人生はこのどちらもできませんでした。

笹　川　将来、自分が何をしたいか不明確で、自立できないでいる子が多いようですね。この問題の深刻さを感じます。

小野田　親と子が、狭い視野のなかで暮らしているだけでは、人生のヒントも得にくいものです。ですが、社会の雑音が入らない自然のなかでキャンプ生活をしてみれば、本来の自分に気がつくかも知れません。自然に触れ、テントの設営などで切磋琢磨し、参加した子ども同士で衝

笹川陽平（ささかわ・ようへい）さん

昭和14年、東京生まれ。現在、日本財団会長、WHOハンセン病制圧特別大使、ハンセン病人権啓発大使（日本政府）、ミャンマー国民和解担当日本政府代表ほか。40年以上にわたるハンセン病との闘いにおいては、差別撤廃のための運動に力を注ぐ。平成10年：WHOヘルス・フォー・オール金賞、平成13年：ハベル大統領記念栄誉賞、平成19年：国際ガンジー賞2006、平成22年：ノーマン・ボーローグ・メダル、平成25年：ベトナム社会主義共和国友好勲章など多数受賞。

自然のなかで
キャンプ生活をすると
自分自身を発見する
チャンスが生まれます

突することなどを通じて、自分自身を発見するチャンスが生まれます。

現代っ子だって3日もキャンプをしていれば、昔の子と同じように仲間で群れ、何かを競争して遊びます。昔に比べて社会環境が大きく変わったものの、子どもの本質は変わっていないのです。

笹　川　子どもの心は変わっていないのに、社会が変わって親が子を大事にし過ぎるようになりました。そこで、“危険なところには行かせない”とか、“親の言うことを聞くのがよい子”だという風潮が生まれて

日本の多くの大人は、なんでもできる子を求めがちです

きたのでしょうね。

小野田　親が先に亡くなるのですから、早く子に好きな方を向いて自立してもらったほうがよいはずです。つい、わが子は自分と同じだと思ってしまう。そこに親は気がついて欲しいと思います。

笹　川　明治時代前半までは人生40～50年で、15歳にもなれば立派な大人として扱われましたが、いまは大学生の入学式に親がついていくそうです。時代が進んで高い教育が受けられるようになったのに、皮肉にも自立できる年齢が上がってしまいました。おっしゃるとおり、そうなった背景には親のありようが変化した問題があるのだと思います。

小野田　当初、「自然塾」は子どもたちだけが対象で、親の見学も断っていました。親を意識すると、子どもたちが自然の姿に戻りにくいと考えたのです。しかし、それでは自分らしさを得た子どもたちの姿を親に気づいてもらうことが、なかなかできませんでした。

そこで、子どもたちが家に帰るときに親宛の手紙を持たせ、「2～3日は家の方針とは違った姿を見せるかも知れませんが、それが自然の姿なのですから大事に見守り、そこから教育方針を立て直してください」と書きました。キャンプを通じて自分の本性を得た子どもから、親も、わが子とのより良い人間関係を学んでほしいと考えたのです。

子どもは早く自分の好きなことを見つけ、それを親に理解してもらいたい (小野田)

B&G親と子のふれあいキャンプに大きな期待を寄せています (笹川)

また、そこからB&G財団が親子で参加する「B&G親と子のふれあいキャンプ」の事業を立ち上げてくださいました。

笹　川　欧米のしつけや教育では、子どもの長所をほめることを大切にしています。ところが、日本の多くの大人は「何でもできるよい子」を求めがちで、それでは個々の個性が埋没してしまいます。ですから、キャンプを通じて自分探しをした子どもたちを大事に見守るようにと手紙を添えた小野田さんの気配りはすばらしいですね。

小野田　普段、朝寝坊する子でも、野球で遊ぶ日の朝だけは早起きするものです。つまり、やる気や希望があれば努力できるというわけです。「好きこそ物の上手なれ」と言いますが、子どもたちには早く自分の好きなことを見つけてもらい、それを親に理解していただきたいと思います。

笹　川　その意味で、小野田さんの意思を受け継いで生まれた「B&G親と子のふれあいキャンプ」に、大きな期待を寄せています。小野田さんも、これからもお元気で日本の再生のためにご活躍ください。私たちも応援させていただきます。

小野田さん夫妻と笹川会長

第1章

基本プログラム

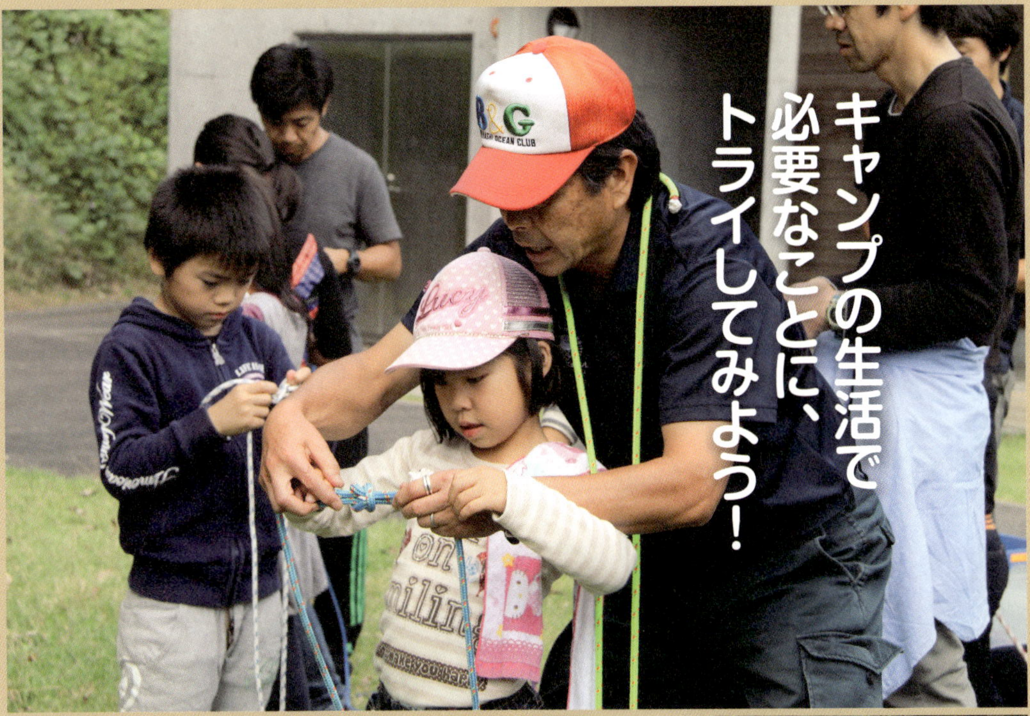
キャンプの生活で
必要なことに、
トライしてみよう!

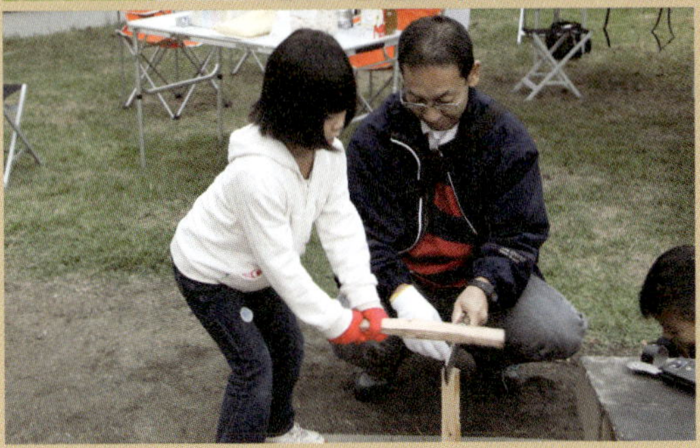

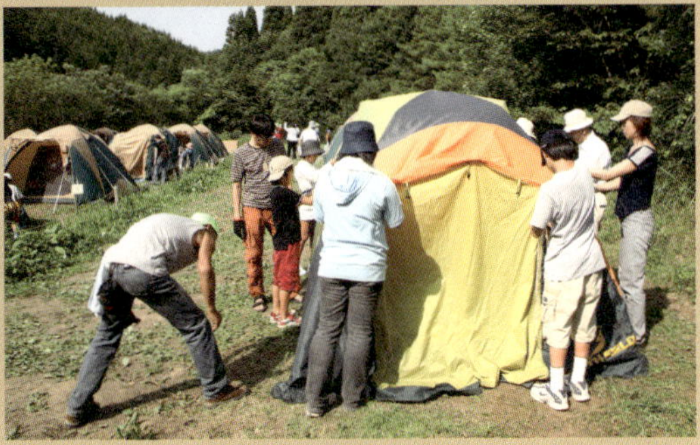

第1章 基本プログラム／火の利用

火は生活の基盤です。火を使ってできることは、たくさんあります。料理をする（煮る、炊く、蒸す、燻《いぶ》す、温める）、殺菌する、周囲を明るくする、仲間に合図する、燃やす、固める、溶かすなど、生活をするうえでは欠かせない存在です。

※プログラムの詳細は80ページに掲載しています

私はルバング島
にいるとき、針
さえも火で鋼線
を焼いて自分で
作りました

キャンプに火は欠かせません。食事を作ったり暖を取ったりするほか、キャンプファイヤーで皆の気持ちを盛り上げてくれます

● 火のおこし方

マッチやライターなどの便利な道具もありますが、火は自分でおこすこともできます。

竹や木の摩擦熱を、もぐさに移す。ほかに、火打ち石の火花を使うこともあります

太陽熱をレンズで集めて枯草に火をつける

● 薪（たきぎ）で火をおこす

キャンプ場にはカマドが設けられていることもありますが、野原や川原で火を焚くときは、自分たちで炉を作らねばなりません。その際は、次の点を心掛けましょう。

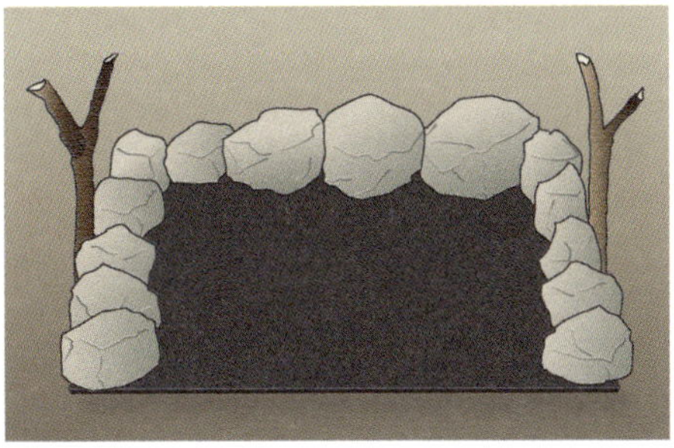

下に鉄板や石を敷く。風上に入り口を設け、周囲を石で囲む

Check!

カマドを作る際の注意点

■乾燥している場所を、火おこしの地面として選ぶ。

■地面から湿気が上がるので、鉄板や石を敷く。

■風上に炉の入り口を向ける。

● 薪の準備

火種の薪は、火がつきやすいように細く細かくし、燃えやすい紙くずも利用します。杉の子(杉の葉)は油が多く含まれているので、焚きつけに適しています。

油分が多い杉の子（杉の葉）は、焚きつけに適しています

カマドを使う場合でも、湿気を避けて燃えやすくするため新聞紙などを敷きます

地面を使う場合、湿気を防ぐ鉄板がないときはアルミ箔を使っても効果があります

軍手
太い薪
細く細かくした薪
焚きつけ用の枯葉と新聞紙

杉の子や枯葉などで火種をつくります

木の皮を剥いて火種に加えています。枯れ葉などと同じように、木の皮もよく燃えます

火種の上に、燃えやすいように細く細かい薪を重ね、着火の準備ができました

Check!

薪で火をおこす際の注意点

- よく乾燥した薪を使う。
- 焚きつけ（最初に火をつけるための薪）を作る。
- 火種は下、薪は上＝手順を間違えると火はつかない。
- 火の熱を薪に伝える＝輻射熱、対流熱、摩擦熱。
- 燃え出してから順次太い薪を入れていく。

★薪は必要最小限の量を使うこと！ むやみに薪をくべない！

● 薪（たきぎ）への着火

薪の準備ができたら、枯葉などのよく燃える火種に火をつけよう。炎が出ると、しだいに薪へ燃え移っていきます。失敗しても焦らないで、何度か試すとコツがつかめます。

薪の下の枯葉に着火。下の火種から上の薪に火が回っていきます

薪に火が回って火おこしが完了。火の勢いに合わせ、順次太い薪を足していきます

うちわを使って空気を送り込みます。けっして火遊びはしないこと!

皆で協力して上手に火がつくと、それだけで仲間意識が高まります

Check!

火おこしの際の注意点

- 空気を十分に送り込む=酸欠が最大の敵。
- 火遊びをしない=遊びたくなる。
- 火災予防=防火用水の準備（テントや服等に燃え移る）。
- 火傷予防=長袖の服を着て行う（火の粉を浴びたら水で冷やす）。

★**後始末をしっかりする! 火が消えてから30分後に点検する。**

火の後始末

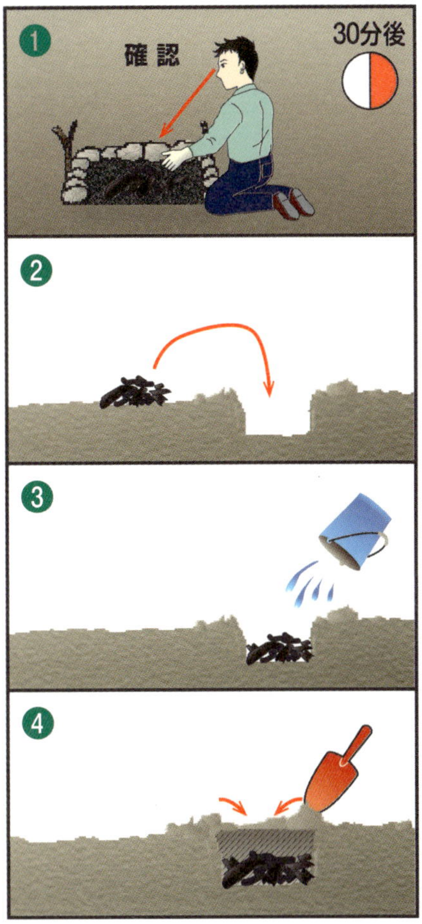

❶火の後始末をしたら、念のため30分後に点検しよう!
❷薪の燃え残りは、地面に穴を掘って、その穴に入れます
❸穴に入れた燃え残りの薪には、十分な水を上からかけておきます。
❹完全に消火が確認できたら、上から土をかけ、元通りにしておきます

火種は下、薪は上。ガスや灯油ならばどうでもよいが、火は人間にしか使えない。動物にも脳はある。しかし人間には知能がある。火をこわいものと見るか、必要なものと考えるか。ここに動物と人間の差がある

第1章 基本プログラム／ナタやナイフの使い方

火を使うには、焚きつけに使う細い薪や、火が回った後に燃料として用いる太い薪が必要です。細い薪は太い薪を割って作りますから、そのときに必要なナタの使い方を学んでおきましょう。ナイフを使うときの心構えも覚えてください。

※プログラムの詳細は78ページに掲載しています

キャンプでは、木を割るナタ、木を切るノコギリ、木を削るナイフと覚えよう

ナタやナイフなどは、使い方を間違わなければ、屋外ではさまざまに利用することができる便利な道具。写真は竹を削ってマイ箸を作っているところ

● 刃物を使うときの心構え

ナタやナイフなどの刃物はとても役に立つ道具ですが、安全に使うことが第一条件です。手にする前に、必ず注意事項を振り返りましょう。

振り下ろす（上げる）ナタが手から抜けると周囲の人にケガを負わせてしまう恐れがあります。周りに人が寄っていないか確認し、他の人も作業をのぞき込まないように注意しましょう

「B&G親と子のふれあいキャンプ」では、“刃物で遊ばない”といった注意事項を必ず説明しています

Check!

刃物の注意事項

- ぜったいに刃を人に向けない。
- 刃物を持って遊ばない→振り回さない。
- 刃物を持つ手は素手→軍手などははめない（滑らないようにするため）。
- 刃物を持たない手には軍手などをはめる（危険の防止）。
- 使った後は、必ずサヤに入れて所定の場所に収納する。

刃物を人に渡すときは、滑らないように素手で刃側を持ち、渡す相手に柄のほうを差し出します

刃物は、出しっ放しにしておくと非常に危険です。踏んでケガをすることもあります。刃物は、使い終わったらサヤに入れて所定の場所に戻します

刃物は正しく使えば道具になるが、使い方を誤ると凶器になる。人もまた同じ

● ナタで薪を割る

ナタは他の刃物に比べて重い道具なので、特に慎重に扱いましょう。滑らないように素手でナタの柄を握り、薪を扱う手には安全を考慮して二重に軍手をしておきます。

子どもたちも薪割りをするので、安全を考慮して割る薪を直接持ちません

割りたい薪は、軍手をした手を使って別の薪で支えます。こうすることでナタの刃によるケガを防ぐことができます

Check!

ナタを使うときの注意点

- ナタは枝を払ったり立ち木を切ったりするときにも使うが、まずは木を割ることを覚える。
- 重い道具なので、力が足りない人は無理に使わない。
- 柄が長いので、振り下ろすと予想以上の力が発生することを頭に入れておく。
- 使うときは、周りに人がいないことを確かめる。
  ケガをしたときのことを考え、1人のときは使わない。
- 片手で使うときは、別の手で“支え棒”を使う。
- 土台には厚めの木を使う。石を使うと刃を傷める。
- 割った木片が飛び散るので注意する。

ある程度刃が入ったら、別の薪で刃の外側を叩いていってもよく割れます

炊きつけ用の細い薪には、ナタで細かい切れ込みを入れると燃えやすくなります

● ナイフで竹の箸を作る

ナイフはキャンプのいろいろな場面で使います。ここでは竹の箸を作りながら、ナイフの基本的な使い方を学びます。

ナタを使って竹をある程度の太さまで割ります

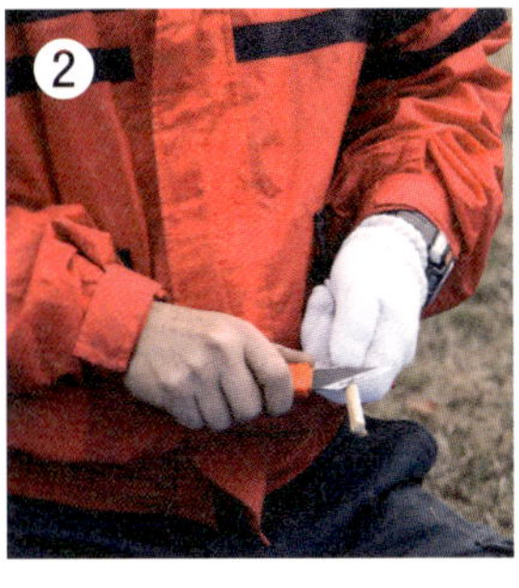

ナタで割った竹を、ナイフを使って箸の太さまで削っていきます。腕が動かないように脇を締め、ナイフの刃を手前から外に向かって入れていきます

Check!

ナイフの使い方

- 切る（削る）方向は手前から遠方、上から下。体に向けては切らない。
- 物に応じてナイフの大きさを選ぶ。
- 切れ味が悪くなったら、すぐに研ぐ。切れ味の悪いまま使わないこと。
- 尖っている先端に注意する。
- ぜったいに振り回さない。

基本プログラム／飯ごうの使い方

飯ごうは、もともと戦場で兵士が携行したもので、鍋、釜、コップ、茶碗、そして弁当箱に利用できる食事の道具です。とても利便性が良いので、現在でも登山やキャンプなどに使われています。

※プログラムの詳細は82ページに掲載しています

コツさえ覚えれば、飯ごうでご飯を炊くのも意外と簡単。自分で炊いたご飯は、いつもより数倍美味しいから不思議

飯ごうにはいろいろな用途があって、野外の食事には欠かせない便利な生活用具です

野外で使う飯ごうは、鍋や釜、コップ、茶碗、さらに弁当箱など、そのシチュエーションによっていろんな使い方ができます。もちろんご飯だって上手に炊けます

● 飯ごうの仕組み

飯ごうは、携行するとき、体にフィットするように湾曲した形状をしており、外蓋、中蓋、本体の3つの部品で構成されています。

飯ごうの中蓋は、すり切りいっぱいの米が2合となっています

飯ごうの仕組み。左から、本体、中蓋、外蓋。この3つで1セットになっています

Check!

飯ごうを使う際の注意点

■飯ごうは最大4合のご飯を炊くことができる。

■外蓋に米を入れると、すり切りで3合の量になる。

■中蓋に米を入れると、すり切りで2合の量になる。

■本体に水を入れると、目一杯で1升1合（約2リットル）の量になる。

● 水の量

飯ごう本体の内側に2本の線が刻まれており、上の線が4合、下の線が2合の米を炊くときに入れる水の量を示します。

本体内側に刻まれている2本の線。上が4合、下が2合の米を炊くときに入れる水の量になります

Check!

状況に応じて水を加減する

■高所は気圧が低いので、水が低温で沸騰する。そのため、標高の高いところで炊くときは、水を多めにする。

■疲れているときは胃も弱っているので、水を多めにして軟らかいご飯にすると良い。

● ご飯の炊き方

飯ごうを使うと、４合のご飯でも火の回りさえ良ければ20分ほどで炊き上がります。炊きたてのご飯の味は格別です。

飯ごうの水が沸騰すると、外蓋の隙間から湯気や水分が噴き始めます。噴き出しの量が多いときは、薪を減らすなどして火を弱めます

研いだ米と、水を入れた飯ごうを火に掛けます（このとき、中蓋は必ず外しておきます）。最初は強火で、沸騰して水分が外蓋から噴き出したら弱火に調整。飯ごうが複数の場合は、本体を向かい合わせにすると火が良く回ります

噴き出す水分が減り、蒸気も出なくなると、噴き出した水分が糊状に変化してパリパリになってきます

Check!

飯ごうでご飯を炊くときの注意点

■火に掛けるときは、必ず中蓋を外しておく。外さないと、内部の蒸気が逃げずに爆発することもあるので要注意!

■複数の飯ごうを火に掛けるときは、本体を向かい合わせ（背中合わせ、腹合わせ）にすると、湾曲した本体に沿って火がよく回る。

● ご飯の炊き上がり

外蓋から蒸気が出なくなり、本体内部の水分がなくなったら炊き上がりです。水分がなくなるとグツグツという振動が止むので、外蓋に細い枝などを当てて確かめます。初心者で判断に迷う際は、蒸気が出なくなったところで飯ごうを火から下ろして外蓋を外し、中を確認しても構いません。

Check!

炊き上がりの処理

- 飯ごうについたススは、冷めると落ちにくい。火から下ろしたら、飯ごうを逆さにして置き、少し濡らした草や新聞紙でサッと拭き取っておこう。
- 炊き上がったご飯を飯ごうから出す際、飯ごうの底を棒などで叩かないこと。ご飯を叩いて外蓋に落とすとよく蒸れると思っている人もいるが、本体を傷めるだけである。

炊き上がりの確認は、細い枝などを外蓋に当てて水蒸気の振動を拾います。よく判別できないときは、飯ごうを火から下ろして中身を確かめます。飯ごう炊飯の場合、途中で一度ぐらい外蓋を開けても炊き上がりに影響はありません

ご飯を蒸らしたり、飯ごうから出すとき、本体の底は決して棒などで叩かないこと。大切な飯ごうを傷めてしまいます

水加減、火加減、炊き加減、何でも加減が大切だ。常に状況を見ながら行動しよう

第1章 基本プログラム／ロープワーク

簡単に結べて、使用中に緩んだりほどけたりすることなく、さらに容易に解くことができる、便利なロープワークを身につけよう。ここでは、アウトドア活動のなかでよく利用する代表的なロープワークを紹介します。

親子で相談しながらロープワークの手順を確認。子どもに教えてもらうこともよくあります

ロープはしっかり結ぶことが大切。しかし、解きやすいことも大切で、なんでも結んでおけば良いというものではない。常に次のことを考えておきたい。

小野田自然塾やB&G親と子のふれあいキャンプでは、必ず何種類かのロープワークを皆で学びます

● もやい結び（ボーラインノット）

ロープワークの王様と呼ばれ、あらゆる場面で使われます。結んだ輪はしっかりと固定され、いくら引っ張っても解けたり縮んだりすることはありません。また、解くときは結び目のコブを引かれる方向の逆側に少し曲げることで、簡単にロープを抜くことができます。

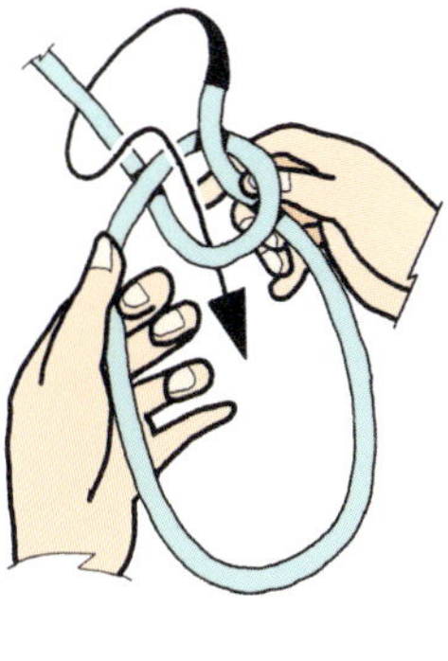

ロープの途中に小さな輪を作り、ロープ端部を輪から引き出します。小さな輪の表裏に注意しましょう

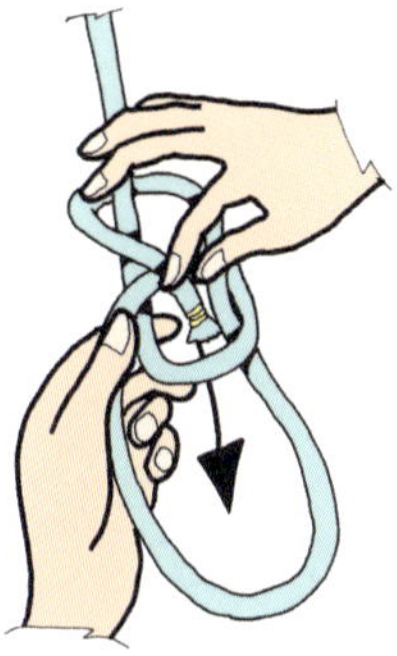

輪から引き出したロープの端部をロープの本体にひと巻きさせ、また輪のなかに引き入れます

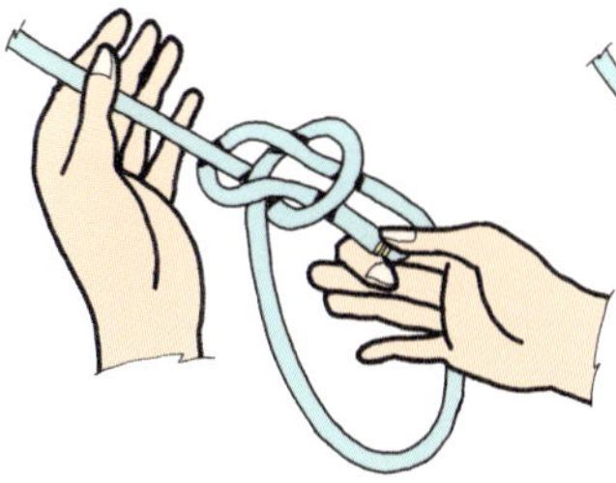

ループの大きさを整えながら、結び目を締めていきます

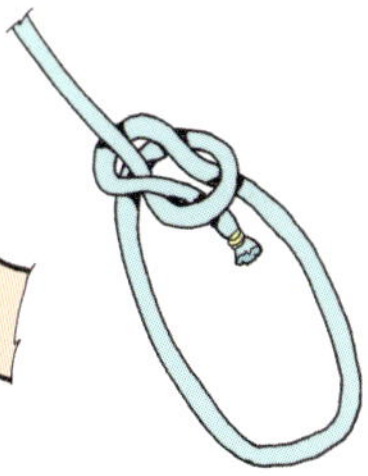

完成。その使い勝手のよさから、結びの王様（King of knots）などとも呼ばれています

テントのロープを張るときなどに使うほか、人を引き上げるときなどにも利用できます。単純にロープを巻いただけでは、人を引いたときに輪が縮んで胴体を圧迫してしまいますが、もやい結びの輪は縮むことがありません

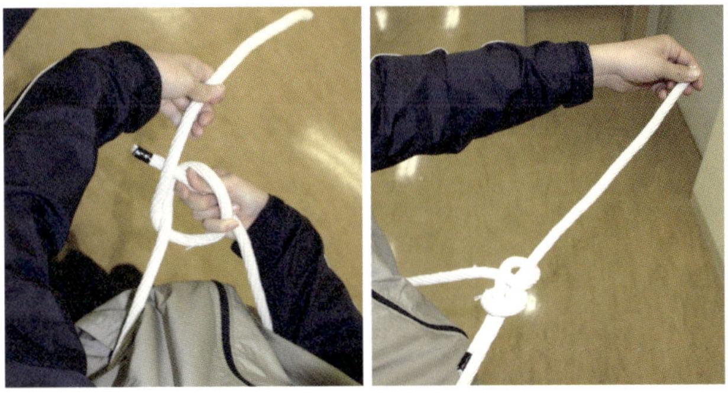

イラストのような一般的なもやい結びの手順に加え、自分の胴体を巻いて作る手順も練習しておきましょう

本結び（リーフノット）

同じ太さのロープ同士を結ぶときに使います。アウトドアに限らず、日常生活でもさまざまな用途で使用しているお馴染みの結び方ですが、手順やロープの差し込む個所を間違えると、ほどけにくかったり、滑ってほどけやすくなったりするので注意しましょう。

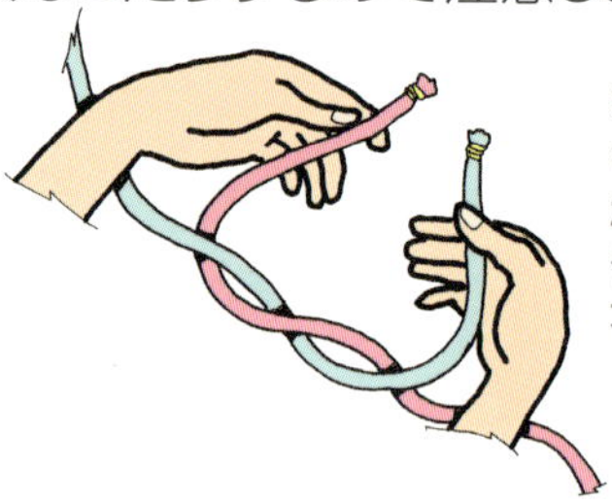

まず2本のロープを交差させます。なお、本結びは、2本のロープの太さが違う場合は、滑りやすいので不向きです

うっかりすると間違えやすい本結び。繰り返し練習しましょう

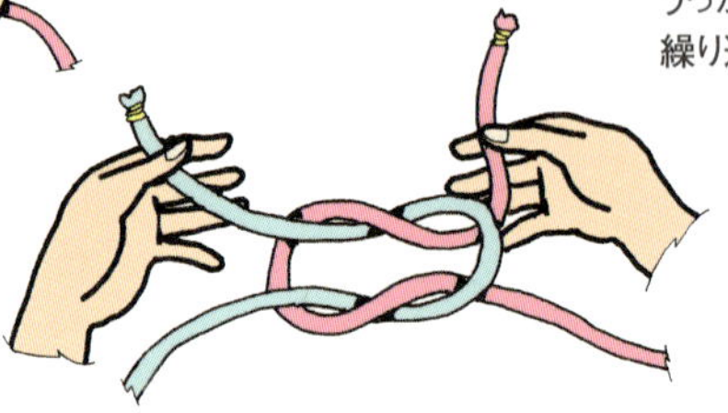

さらにもう一度、同じことを繰り返します。１本のロープの先端と本体の部分が、輪の同じ面から出るように結ぶのがポイントです

二重つなぎ（ダブルシートベント）

太さの異なるロープや湿ったロープを結び合わせるときに使います。２本のロープをつなぐときの、一般的な方法のひとつです。結びやすくて解きやすく、覚えておけばアウトドアではもちろんのこと、日常生活でもいろいろと役立つことが多いはず。

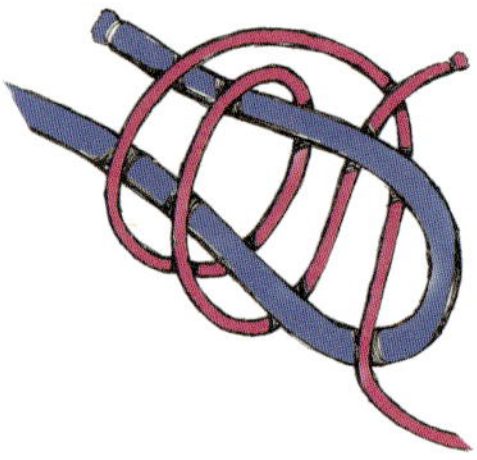

まず、太いロープを曲げ、そのU字に細いロープを通します。そのまま、太いロープのU字に細いロープを上から下に二重に巻きつけ、折り返した細いロープを元側の上に通します

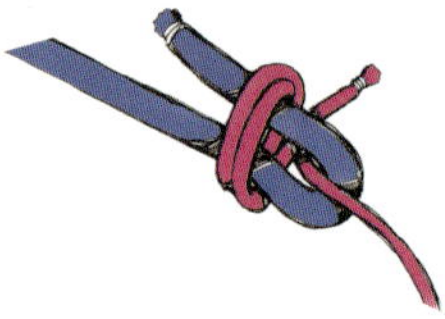

そのまま細いロープを引っ張り上げれば完成です。一重に巻きつける結びは一重つなぎ（シートベント）と呼ばれています

● 8の字結び（エイトノット）

ロープの端に結び目（コブ）を作るときに使います。ロープを握るときの滑り止め、滑車に通したロープの抜け止めなどに応用できます。初歩的な結びのうち、もっとも美しい結び目のひとつが、この8の字結び。スマートにできるように練習しましょう。

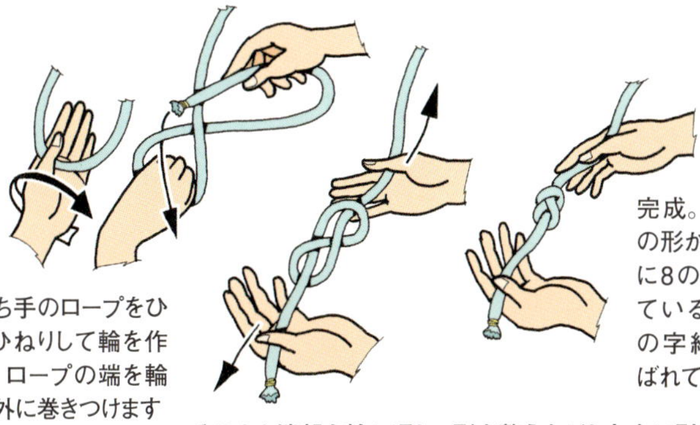

持ち手のロープをひとひねりして輪を作り、ロープの端を輪の外に巻きつけます

そのまま端部を輪に通し、形を整えながら左右に引きます。このときロープの形が８の字になっているか確かめましょう

完成。結び目の形がこのように8の字に似ているため、8の字結びと呼ばれています

8の字結び。キャンプでは、タープのグルメット（通し金具）に張り綱を掛けるときなどにも利用できます

● ねじ結び（ティンバーヒッチ）

力を入れると締まり、力を抜くと解ける結び方です。ロープを樹木や杭に結ぶときや、丸太を引っ張るときなどに重宝します。シンプルな手順ながら、利用価値の多い結び方です。

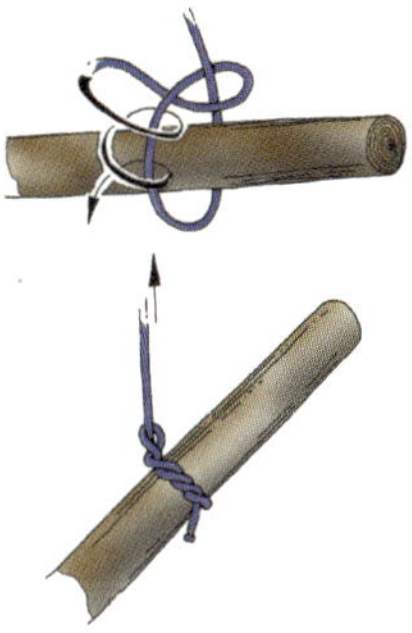

ロープを結びたいものに巻きつけ、端を輪の中に通します。さらに、図のように端を輪に沿って巻きつけます

元側を引くと、巻きつけたロープの結び目がより固く締め付けられます。力を抜くと簡単に解けます

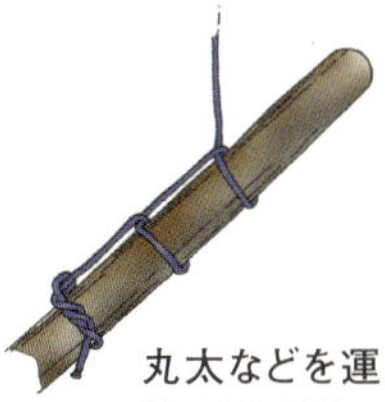

丸太などを運ぶ場合は、このようにロープをかけ渡していく方法が一般的です。信頼性はさらに高まります

ねじ結びは、ロープを杭などに結び付けるときにもよく利用します。ただ、摩擦の抵抗を利用した結びなので、滑りやすいロープは不向きです

● ひきとけ結び（スリップノット）

ロープを樹木や杭に結ぶときに使います。また、テントを立てる際、シートのグロメットに通して張りを持たせるときなどにも利用されています。ロープ端部を引くと簡単に解くことができるのが特徴です。

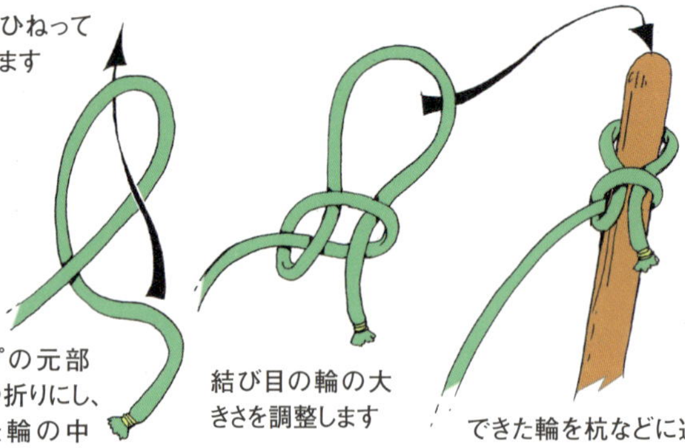
ロープをひねって
輪を作ります
ロープの元部
を二つ折りにし、
できた輪の中
に通します
結び目の輪の大
きさを調整します
できた輪を杭などに通し、
ロープの元部を引くと、
輪が小さく絞られます

テントやタープに張り綱を結ぶ際にも利用できます。端部を引くと、すぐに解くことができます

● ふた結び（ツーハーフヒッチ）

ロープを樹木や杭に結ぶときに使います。キャンプでは、テントを立てる際、シートのグロメットに通して張りを持たせるときなどにも多用されます。結び方が簡単な割りに比較的強度が高いので、覚えておくとなにかと役に立つ結びのひとつです。

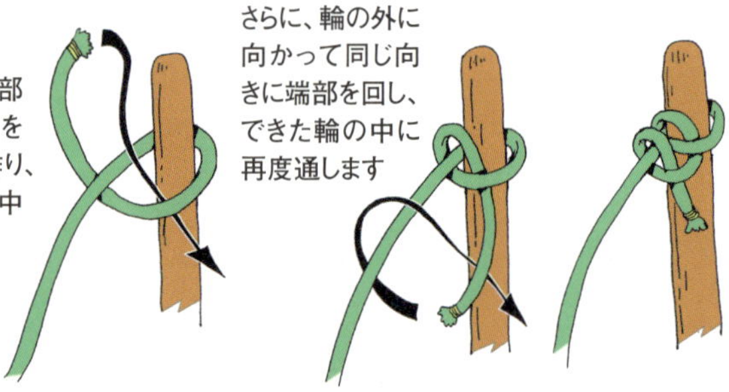
ロープの端部
を本体の下を
通して輪を作り、
できた輪の中
に通します
さらに、輪の外に
向かって同じ向
きに端部を回し、
できた輪の中に
再度通します
そのまま端
部を引いて
締めれば完
成です

● 自在結び（トートランヒッチ）

ロープを樹木や杭に結ぶときに使います。結びがより強固になり、結び目をスライドさせることによって、ロープを張る距離（張り具合）も調整できます。テントやタープの張り綱を結ぶときに多用され、「テント結び」とも呼ばれます。

ロープの端部を本体の下を通して輪を作り、できた輪の中に通します

さらに、輪の外に向かって同じ向きに端部を回し、できた輪の中に再度通します

もう一度同じ向きに端部を回し、2回目にできた輪の内側に端部を通します

通した輪の外側に、同じ方向に端部を回し、できた輪の中に通します

端部を引いて輪を締めれば完成です。結び目をスライドさせると、ロープの張りを調整することができます

● 巻き結び（クラブヒッチ）

ロープを樹木や杭に結ぶときに使います。輪を作って杭などを巻く手順ならロープのどの部分も使えるので、並べた杭の間を張って柵を作ることもできます。解くときは、結び目から出ているロープをお互いに押すようにして緩めます。

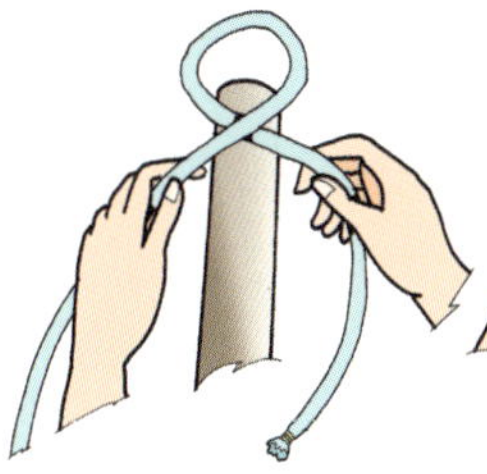

結び手のロープ（この場合、右手の端部）が、持ち手のロープ（左手）の下になるように輪を作って対象物に掛けます

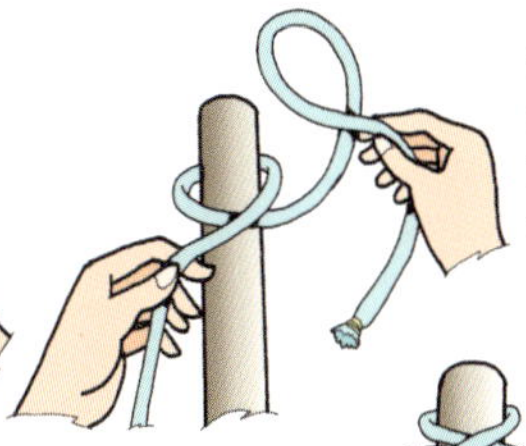

さらに、同じように結び手のロープが、持ち手のロープの下になるように輪を作って対象物に掛けます

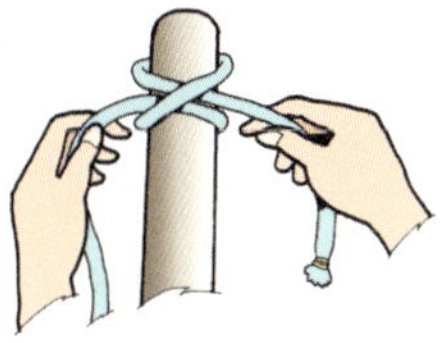

端部とロープの元部を引っ張り、結び目を締めたら完成です

巻き結びは、輪を作らず巻くだけで結ぶ方法も学んでおくと、柵などにロープを結ぶ際にも便利です

基本プログラム／テントの設営

夜露や風、雨などをしのいで体を休めることができるテントは、キャンプにとって欠かせないアイテムのひとつです。テントは、風を受けて形が崩れたりしないよう、手順に沿ってしっかり建てたいものです。時間に余裕を持って、暗くならないうちに完成させましょう。

※プログラムの詳細は76ページに掲載しています

手順を間違えないように組み立てます。親子のチームワークが鍵を握ります

テントは、ただ建てれば良いというものではない。安全性や居住性を考えたうえ、見た目の美しさにも気を配りたい。テントには、建てた人の気持ちが伝わります

キャンプする際のテントは、みんなで力を合わせて明るいうちに建てましょう

● 準備～組み立て

一般的なテントの組み立て方を紹介しますが、テントにはサイズや構造によっていろいろな種類があるので、必ず説明書を読んで組み立ての手順を頭に入れましょう。その際、部品の種類と数が正しく揃っているか確認しておきます。

組み立て手順と部品を確認したら、平坦地を選んでシートやインナーテントを広げ、そこに十分かつ安全なスペースが確保されているかどうか調べます。出入り口は風下側に設けます

インナーテントのスリーブに、ポール（梁）を通していきます。無理のないよう2名以上で行います。テントによっては、ポールを通す位置の順番が決められています。また、ポールで顔や目をケガしないように注意してください

2本のポールが、テントの中央で正しく交差しているかどうか確認します

きれいに並べられた自然塾のテント。見た目が美しいと、気持ちが落ち着きます

Check!

テント設営の注意事項1

- テントが十分に展開できる平坦地を確保し、風下側に出入り口を設ける。
- 組み立てる前に説明書を読んで手順を理解する。
- 部品がすべて揃っているか確認し、整理して分かりやすく並べておく。
- 無理のないよう2名以上で作業し、ポールでケガをしないように注意する。

● 組み立て～完成

ポールを通し終えたらインナーテントを起こし、テント四隅の金具にポールを固定すると、テントの形ができあがります。その上にフライシートをかぶせ、インナーテントと同じように四隅をフックや金具で固定し、ロープで張って完成です。

ポールの端をテントの四隅にある金具に押し込み、張りを持たせながら固定します

ポールをテント四隅に固定すると、テントらしくなってきました

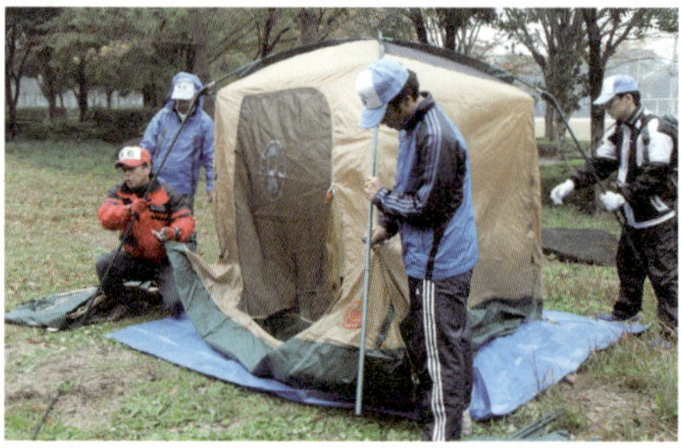

支柱になるポールを継ぎ足してインナーテントを立ち上げます

立ち上がったインナーテントの上にフライシートをかぶせます

すべての作業を終えて完成しました。ロープに足をとられないように、目立つ色のリボンをロープに結んでおきましょう

フライシートもテントの四隅に固定し、ペグ（杭）を打ってポールを地面にしっかり固定します

フライシートのグロメット（通し金具）に結んだロープを地面に打ったペグで固定して、シートに張りを持たせます

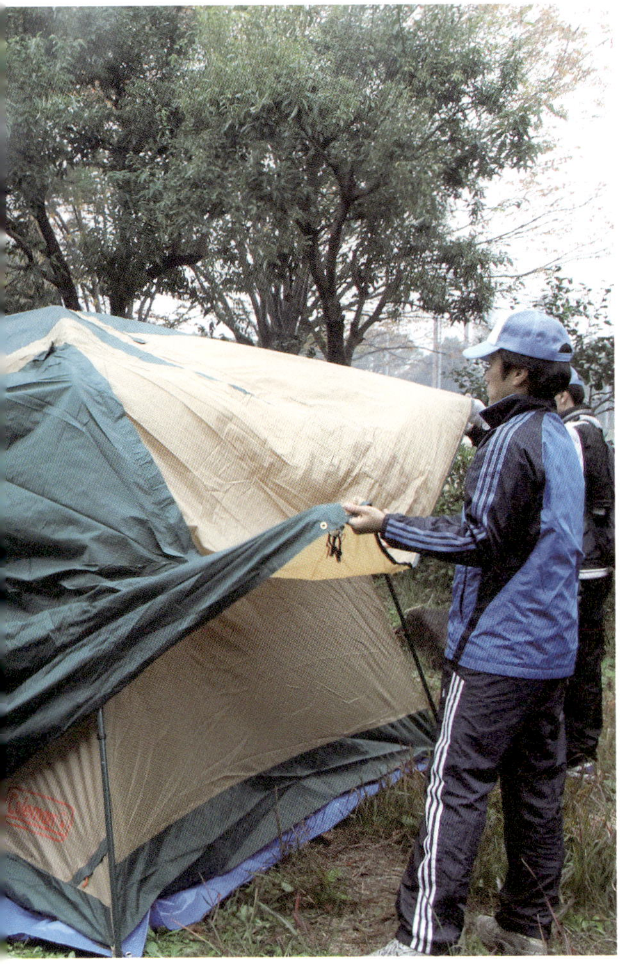

Check!

テント設営の注意事項2

- 雨に備え、必要があればテント周囲の高低差を考えながら側溝を掘る。
- テントのシワは伸ばす。シワがあると雨がたまりやすく、風でバタつきやすくなる。
- テントの周りでは走らない。ロープ等に足をとられて転倒することもある。
- ロープに足をとられないよう、目立つ色のリボンをつけておく。

屋根があることのありがたさ

小野田さんはルバング島では常に戦闘をしていたので、敵や現地の人に見つからないように、いつも転々と住居を替えていました。

このため、住居は自然を利用した簡素なもので、ときには傾斜地にバナナの葉で体を覆ってゴロ寝をするだけのこともありました。

小野田さんによると、サバイバル時に休憩をする場合、特に重要なのは、まず先に屋根を作ることだそうです。屋根を作ることによって、雨に濡れない、体を冷やさない、風邪をひいて病気にならない、といったことができるようになり、それによって他人の世話にならずに済むようになります（皆も疲れている）。

そして、屋根を作ったら床を敷くことも大切です。床があれば体が雨水に浸かったり、地面からの冷気で体が冷えたりすることを防げます。また、サバイバル状況下では少しでも柔らかい床を作って疲れを取ることも重要です。

テントの組み立てに励む子どもたち。この日は、雨が降る前に設営することができました

屋根の下で生活している人には、雨に打たれることの辛さは分からない。敵の攻撃は逃げればよいが、雨からは逃げ切れられない

第2章

応用プログラム

第2章 応用プログラム／ナイトウオークを体験してみよう

人間は本能的に暗闇を怖がりますが、勇気を出して気持ちを集中すると、視覚や聴覚、嗅覚や触覚などが研ぎ澄まされ、暗闇の中でも前に進むことができるようになります。自分が本来持っている五感すべてを、ナイトウオークで体感してみましょう。

※プログラムの詳細は84ページに掲載しています

ナイトウオークを体験するために集まった皆さん。どれだけ五感を研ぎ澄ますことができるか興味津々です

私は、暗闇のなかで敵に囲まれた際、気持ちを集中することで相手の姿や息づかいをはっきり感じることができました

コースの所々に置かれた小さな緑色のケミホタル（ケミカルライト）の明かりだけを頼りに、1人で歩きます

● ナイトウオークとは

町明かりや自動車の音が入り込まない人里離れた林の小道を選び、500メートルほどのコースを設定し、参加者全員が1人ずつ、50メートルほどの間隔を置いて、暗闇のなかの歩行を体験します。

コースを歩き終え、ゴールしてからマッチの火を灯すと、参加者は一様に「オーッ」という声を上げます。

これこそ、マッチ1本の明かりの偉大さとありがたさに感動したことの雄叫びです。そして、これはまた30年間孤独な戦いを続けた小野田さんの苦労とたくましさを、改めて参加者が知るときでもあります。

ナイトウオークは、単なる「肝試し」ではありません。火や明かりのありがたさや、感覚を研ぎ澄ませて気持ちを集中させることの大切さを再確認する体験です。

キャンプの場所から移動して、町明かりや自動車の音が入り込まない場所に設けたコースのスタート地点を目指します。このときは懐中電灯を使って歩きます

暗闇に包まれたナイトウオークのスタート地点に到着。30分間、懐中電灯を消して目を暗闇に馴染ませます

● ナイトウオークの手順

懐中電灯を消して目を暗闇に馴染ませたら、１人ずつ間隔を置いてナイトウオークのコースに入っていきます。暗闇のなかを1人で歩くので、危険を招かないように事前に学んだ注意事項をしっかり頭に入れておきましょう。

Check!

ナイトウオークの注意事項

［コースの準備］

■歩くのに邪魔な枝や下草を刈って整地する。

■道しるべのケミホタルを50メートル間隔で設置する。

［事前説明］

■スタート30分前から懐中電灯やライターは持たない。

■1人でも明かりを点けたら、また30分やり直し。

［スタート］

■硬く整地したところから、外れないように歩く。

■絶対に前後の人を脅かさない。

■ゴールしたら、全員でマッチ1本の明かりを体験する。

昼間にコース内を整地し、つまずきそうな石や枝を取り除いておきます

赤いケミホタルが見えた場合は、その先に進んではいけないという目印です

ナイトウオークのポイント

ナイトウオークは、膝を軽く曲げ、忍び足で歩くようにします。草むらに足を入れないように、硬く整地された所を歩くようにしましょう

ナイトウオークの事前説明を聞く参加者の皆さん。これから非日常的で貴重な体験が待っています

ジャングルでは、ありがたいと思ったことがたくさんあった。いまの社会、「見本」にはなれても「手本」になれる大人がどれほどいるだろうか

マッチの明かりのありがたさ

ゴールした後に全員でマッチ1本の火の明かりを体験。そのありがたさがよく分かります

第2章 応用プログラム／サバイバルゲームで学ぶ、生きるための知恵

これは、草むらや木の上に隠された食材をグループごとに探すゲームです。他のグループと交渉し、見つけた食材を物々交換しても構いません。その後、手に入れた食材でグループごとに夕食を作らなければならないので、チームワークや交渉術といった生きるための知恵が試されます。

※プログラムの詳細は90ページに掲載しています

猟犬役の人は、獲物を探すだけ。見つけたらワンワンと吠えて、猟師役を呼びます。猟師が遠くにいると、他のグループに先を越されてしまうこともあります

お金を出せば何でも手に入る日常を離れ、食べ物を獲得する苦労や喜びを仲間と分かち合おう

猟師を呼んで獲物を確保。この後、どんな食材を探したらいいか皆で相談していきます

Check!

サバイバルゲームのルール

■グループの中で「猟犬」になる人と「猟師」になる人に分かれる。
■猟犬は、獲物を見つけて猟師に吠えて知らせることしかできない。
■獲物を見つけた猟犬は、吠えて猟師を呼び寄せる。
■吠えるタイミングや吠え方が悪いと、他のグループに取られてしまう。
■猟師の行動が鈍くても、他のグループに先を越されてしまう。

猟犬と猟師のコンビネーションが問われます。いくら猟犬が獲物を見つけても、猟師が来なければ手に入れることができません

あるグループが獲得した獲物。この後、できれば肉類を探してきたいところです

現地の状況によっては、現物ではなく食材の絵を描いたカードを探す場合もあります

● ベストを尽くそう!

サバイバルゲームでは、各グループで獲得した獲物（食材）の種類や量に違いが生まれますが、他のグループとの物々交換や、調理の時間に水汲みを手伝うことなどで必要な食材をもらうことができます。子どもたちは、競争の原理を知るとともに相手と交渉するコミュニケーションの大切さを学びます。

グループごとに分かれて作戦会議を開き、誰が猟犬や猟師になったら上手くいくか話し合います

皆が広く散らばれば早く食材を見つける可能性がありますが、猟師を呼び寄せる時間も考えなければなりません

物々交換の大切さ

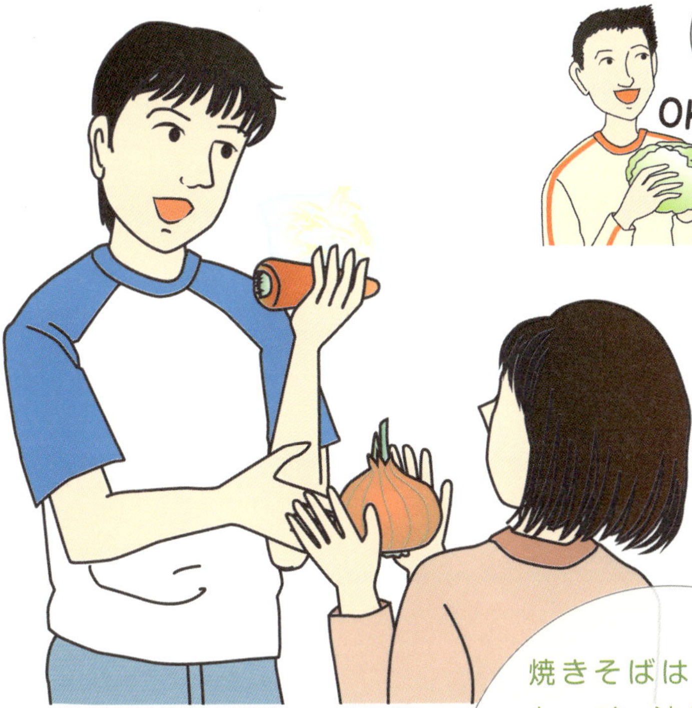

不要な物を必要な物に替える努力も大切です。ここは、お金さえあれば何でも買える都会ではありません

労働との交換もOK

水くみ場
OK!

水汲みを手伝うことで、キャベツをもらうことができました。他人に頭を下げてお願いする体験も、ときには必要です

焼きそばはたくさんあっても、油を手に入れられなかったグループ。薪を集めてきて、お米と交換したチーム等々、皆がいろいろな経験をして夕食を楽しみます

獲得した食材によって、夕食のメニューが決まります。どんな料理ができるか知恵と工夫が必要です

応用プログラム／親子で楽しむキャンプの食事 ～ワイルドなマスのつかみどり～

川に放流した生きたマスを素手でつかみ、その場で調理して炭火で焼いて食べます。「生を食らう」貴重な体験です。子どもたちは、生きたマスを自分たちの手で調理することで、「人間は他の生き物の命を得て生きているんだ」という感謝の気持ちを抱きます。

※プログラムの詳細は87ページに掲載しています

危険がないか安全確認した川にマスを放流。子どもたちが素手で捕獲に向かいます

つかまえたマスは、大事に調理場へ運ぶかイケスなどに収容します

魚が嫌いな子でも、自分が捕獲したマスを喜んで食べる場合が多い。好き嫌いをなくし、生き物を食べることの意味を考える大事なチャンスです

Check!

マスを調理するときの注意点

- ナイフを使うので、必ずリーダー役の大人がサポートする。
- 安全のため、マスを押さえる手には軍手を着用する。
- ナイフで内臓を取り出したら、身をよく洗う。
- 抵抗を感じる子には、食の大切さを説いて最後までやらせるよう努める。
- 取った内臓は川などに放棄せず、集めて生ごみとして処理する。
- マスの串刺しは手をケガしやすいので、大人が担当する。

腹を割いて内臓を取り出します。ナイフを使うため、大人が見守ってあげることが大切です

内臓は所定の場所に集めて処理し、身はきれいに洗います

洗い終わったマスに串を刺します。これはケガをしやすいので、大人が行います

炭をおこして串焼きにします。冷めるとおいしさが逃げてしまうので、焼きあがった順に食べていきましょう

応用プログラム／親子で楽しむキャンプの食事 ～手軽にできる朝食のホットドッグ～

牛乳やジュースのパックを利用した、ホットドッグの作り方を紹介します。帰り支度で忙しい朝でも、簡単にできて親子の会話が弾みます。

牛乳パックが燃えて、アルミホイルに包んだホットドッグが姿を現しました。もう、食べごろです

火を扱うときは、
安全確保のために
必ずバケツなどに
水をためておこう

アルミホイルを開けると、ちょっと焦げ目がつきましたが、ホクホクに温まったホットドッグが出てきました

Check!

牛乳パックを使ったホットドッグの作り方

❶ホットドッグ用のパンにキャベツを入れる。

❷お好みで、カラシやマーガリンなども添えよう。

❸ソーセージを挟み、アルミホイルで包む。

❹アルミホイルで包んだホットドッグを牛乳やジュースのパックに入れる。

❺バーベキューコンロなどの上に置いて火をつける。

❻パックが燃えてなくなると、ホットドッグが程よく温まっている。

下ごしらえに、パンにキャベツを挟みます

ソーセージを強火で焼きたいときは、このようにパンに挟まず外に出しておきます

1リットルサイズのパックなら、アルミホイルで包んだホットドッグがちょうどよく収まります

燃やしても安全な場所にパックを並べて点火。紙製のパックは勢いよく燃え出します

第2章 応用プログラム／小野田流 乾燥肉を作ってみよう

牛肉を乾燥させて携行保存できるようにして、野営（ビバーク）に備えます。自分たちで携行食を作ることで、野営に対する意気込みや期待感が高まります。

※プログラムの詳細は94ページに掲載しています

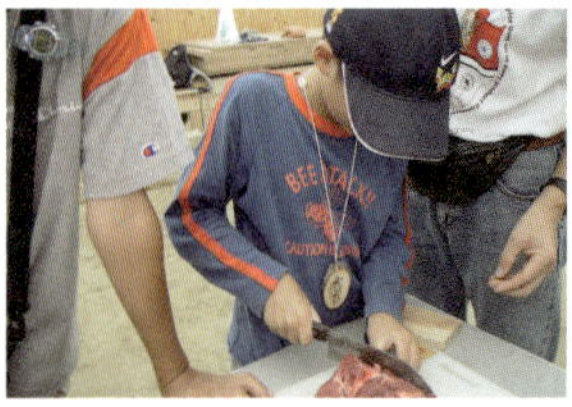

子どもたちも肉片のカットに励みます。生肉を扱うので、必ず手洗いを済ませます

自然塾に参加し、乾燥肉を作る皆さん。肉の塊を豪快に並べて作業していきます

質素な携行食を味わいながら、食に対する感謝と喜びの心を育もう

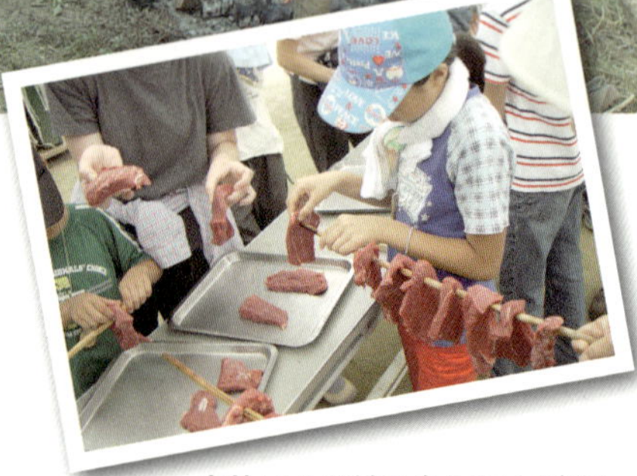

肉片同士が触れ合わないように、間隔を開けて串に刺していきます

● 小野田流 乾燥肉の特徴

きれいに肉片を並べて準備が整いました。このやり方は、燻製室を必要としないので手軽に挑戦できます

焚き火は、肉の下端に手を入れて2秒ぐらい我慢できる熱さに保ちます（70 ～ 80度）

だいぶ乾燥して完成間近になりました。大きさは、最初の牛肉の半分程度になります

ここで紹介する乾燥肉は、小野田さんがジャングルで遊撃活動を続けるなかで考案したもので、一般の燻製法とは手法、味ともに異なります。この方法だと、一晩の作業で牛肉の腐敗を防ぎ、かつ重量を半減させることが可能で、いつでも携行できる保存食ができあがります。

Check!

小野田流 乾燥肉のここがポイント!

［長所］
- 食塩を必要としない。
- 雨天でも湿気を吸うことが少ない。
- 塩漬け天日乾燥肉ほどは柔らかくならないが、煮戻しが可能。
- 燻製室を作る必要がない。

［短所］
- 熱効果が良くないので、薪を多く必要とする。

乾燥肉の知恵

毎年6回ほど、放牧の牛を射殺して牛肉を確保した。首尾よく獲った牛はすばやく解体し、必要な肉だけをズック袋に入れて山奥に運んだ。大量の肉だから、それが腐敗しない間に食べ切るなどとは思いもよらない。当然、保存方法を考えなければならない。最初に考えたのはカツオブシの製法である（硬すぎて食べられなかった）。

次に考えたのが干し肉である。試みを重ねていくうちに我々の決定版ができた。肉はタバコの箱状の厚さで、大きさはその1倍半ぐらい。火力を強くしない。

つまり、火力が強いと、汁が出て肉が急に縮んでしまう。火力の

作業の手順を説明する小野田さん。小野田流乾燥肉にはジャングルで試行錯誤したノウハウが凝縮されています

熱量を加減しながら一晩徹夜でトロトロと火を燃やし続ける。そうすれば、表面がプラスチック、中がゴムのような弾力のある感じの肉になる。

そうすると、約50%の水分が蒸発していて、そう簡単には腐敗しない。後は、朝未明と日没後、煙が見えない時期を見計らって、1週間を目安に徐々に仕上げていく。

肉をそのまま保存できる時間は、乾季の寒さを感じる時で射殺後最長48時間、雨季の高温多湿の時には24時間ぐらいだ。

その後の食べる分は、鍋でローストビーフにして36時間ごとに火を通せば腐敗させずにすむ。

※『わが回想のルバング島』(小野田寛郎 著/朝日新聞社 発行)より引用

※小野田さんが日本に持ち帰った燻製肉は完全に乾燥していたため、お湯で戻せば食べられそうな状態だったそうです。

肉のカットを指導する小野田さん。普段手にしない大きさの肉を扱うため、包丁を使うときは特に注意します

キャンプを行う場所は、自然に囲まれています。せっかくそうした場所にいるのですから、周りをよく観察して自然と対話してみましょう。山や川、海などの自然は、すべてつながっています。また、植物や生物の様子から、天気を予想することなどもできるようになります。

● 水の話

川の水は、山の落ち葉の栄養分を海に届けます。この栄養分は海草やプランクトンの栄養となり、それは魚のエサとなります。だから、川は海を守り潤します。植物は水を得て、空気中の二酸化炭素を吸い、酸素を空気中に出します。牛や馬は、この酸素を吸って植物を食べて育ちます。動物の糞、死骸は植物の栄養分となります。

川のありがたさはすぐ分かる。
山のありがたさは
すぐには分からない。
川の水はいつでも飲める。
山の果実は
1年に1回しか味わえない。

● 天気の話

雨や風は、自然の中の生活に大きな影響を与えます。地球は太陽から光や熱のエネルギーをもらっています。地球は、陸地や海の温度差から風や雨を生み、降った雨が土地を潤し、生き物を育てています。

自然から天気を知る

松ぼっくり（松かさ）には、空気が乾燥していると開き、湿気てくると閉じるという習性があります。そのため、松ぼっくりが開いているときは晴れることが多いのです。このように、自然現象や生物の様子などから天気を予想することは、昔から行われてきました。

松ぼっくりが開いているときは晴れることが多い

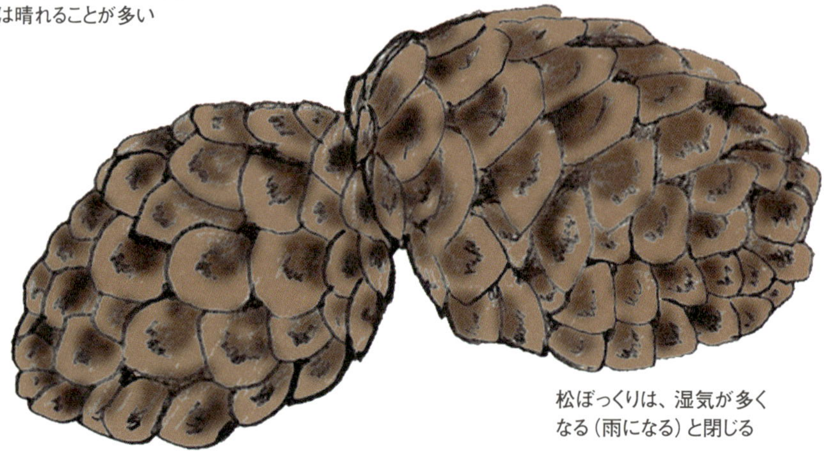

松ぼっくりは、湿気が多くなる（雨になる）と閉じる

● 夕焼けがきれいなときは晴れる

夕焼けがきれいなときは西の空に湿気がないことを示しています。天気は西の空から変わってくるので、夕焼けがきれいなときは晴れることが多いのです。

● ツバメが低く飛んでいるときは雨になる

空気が湿気てくると、ツバメのエサになる虫の羽が重くなり、低いところを飛ぶようになります。これを追って、ツバメも低空を飛びます。だから、ツバメが低空飛行をしだすと雨が降ることが多いのです。

樹木の話

子どもが聴診器を木の幹に当てて、木が根から水を吸い上げる音を聞いています。周囲の風の音が大きくてよく聞こえませんが、その風の音も含めて水を吸い上げる音だと確信しています。これにより、子どもたちは木にも血液があり、生きていることを知ります。

うっそうとした森の中で、木の幹に聴診器を当ててみよう。耳を澄ませば樹木の息づかいが聞こえます

自然塾がある福島県東白川郡塙町の山々。雨が木々を潤し、枯れ葉などの栄養分を川の水が海まで運びます

第3章

エピソード

小野田自然塾のキャンプでみつけた、いろいろなエピソード

Episode 1

中学生の男の子とお父さん

キャンプに来た時は、親子なのによそよそしかった二人でしたが、キャンプを終えて帰る時には、男の子はお父さんの荷物を自分で持って、迎えのバスに乗り込んでいきました。——この3泊4日のキャンプで、二人の仲に何かが変わったのでしょう。

Episode 2

小学三年生のキャンプ初参加の女の子

子どもたちだけでテントで泊まることになりましたが、女の子にとっては初めての体験であり、不安と寂しさで我慢ができずに泣き出しそうでした。しかし、自分と同じ子どもたちの前では泣けずに、夜中にスタッフのいる母屋へやって来ました。「先生、30分だけ一人で泣かせてください」と言いました。スタッフは、空いている医務室用の部屋を貸してあげました。30分くらいしたとき、彼女は“ありがとう”と言ってすっきりした顔をして、皆のいるテントへ戻って行きました。

Episode 3

カミナリの下でのビバーク

カミナリが鳴る中でビバークをしました。一人の男の子だけは怖くて我慢ができず、ふもとの母屋へ戻りたいと言い出しました。他の仲間が皆で励ましました。男の子はしぶしぶ納得して、一晩ビバークをして翌朝皆と母屋へ戻りました。待っていた母親に、自慢げにビバークの話をしていました。

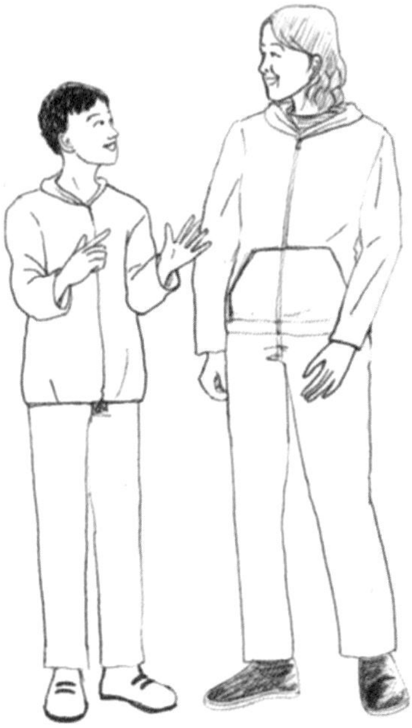

Episode 4

母親に注意する子ども

食べ残しの残飯を小川に捨てようとした母親を見ていた子どもが、これを注意して止めさせていました。

Episode 5

携帯電話のない生活——会話の増加

電話は圏外で通じません。一時不安そうにしますが、ふっきれたように仲間との会話に熱中します。

Episode 6

ゲーム機のない生活——新しい遊びを知る

テントの中で、ゲーム機で遊んでいる子どもがいました。周りの仲間の子が、彼に言いました。「ゲームは家でやればいい。キャンプに来てまで何でゲームをしているんだ!」。数分後、彼は広場で皆と駆けっこをしていました。

Episode 7

自動販売機のない生活——自然の美味しさを知る

小野田自然塾に自動販売機はありません。喉が渇いたならば、小川の湧き水か母屋の大鍋に用意してあるお茶を、ヒシャクで汲んで飲むのです。小川の水飲み場の底にはカエルがいます。最初はびっくりしてなかなか飲めませんが、一度飲んだあとは、その美味しさにひかれてやみつきとなります。この水を飲んでお腹を悪くした子はいません。小野田さんの保証つきです。

※小野田自然塾の水飲場の場合です

Episode 8

怪我の効用——血を見る——痛さを知る——思いやりを知る

転んで擦り傷をつくって痛がっている女の子を見つけた男の子がいました。彼は泣きながらスタッフに告げに来ました。あとで彼に聞きました。「なぜ泣きながら知らせに来たの」。彼は答えました。「痛がっている子が可愛そうだった」。

Episode 9

皆で一緒にやる

夕食を作っているとき、女の子が野菜を切っていました。男の子たちは自分たちで相談をして、杉林の中に薪を探しに行きました。

Episode 10

真面目に真剣にやることを見せる――興味を持つ――本人も真剣になる

小野田さんが燻製肉を作るために、焚き火を始めました。子どもたちがこれを見学していました。焚き火の煙が目に沁みてとても痛そうでしたが、小野田さんが一生懸命やっている姿を見ていた子どもたちは、決してその場を離れませんでした。

Episode 11

協力できない子が、協力できるきっかけ

皆でテントを張る作業をしていた時、参加しない子がいました。最後の支線を張る時、人手が足りなかったので、その子に支線の一本を張ることを頼みました。その子はやり方は分かりませんでしたが、皆がやっているので仕方なく手伝いました。おかげで無事テントが張れました。皆は、とても喜び彼に感謝しました。その後、彼はいつも皆と一緒でした。

Episode 12

大きな声を出せる子どもたち

大きな声を出せる子どもは、背筋が伸びています。小さい声しか出ない子は、猫背で陰気になりがちです。スタッフがいつも大きな声を出していると、子どもたちもつられて大きな声を出します。小さい声の時は、スタッフは聞こえないふりをします。来た時と帰る時では、あきらかに子どもたちの姿勢が変わっています。

Episode 13
挨拶ができるようになったきっかけ——大人がまず示す

挨拶がしっかりできない子どもが沢山います。しかし、親たちも同様に沢山います。朝礼や終礼の時に、「おはようございます」「おやすみなさい」さえ言えない親がいます。スタッフは、親たちに重点的に挨拶をします。まず、親たちが挨拶ができるようになりました。子どもたちは親のまねをして挨拶をするようになりました。親が変われば子も変わります。

Episode 14
時間を守ること——皆の時間を無駄にしないこと

自然塾では、決められた集合時間がきたら、予定通り始めます。遅れてきた人たちを待つことはしません。遅れてくる一部の人たちのために、多くの人を待たせるわけにはいきません。遅れてきた人は、あとから急いで追いつけばよいのです。待っていてくれないことが分かれば、次からは遅れなくなります。電車に乗り遅れたならば、旅行には行けないのですから。

Episode 15
皆競争が大好き——その後の思いやりが大切

サバイバルゲームをやっている時には、皆闘争心を剥き出しにします。しかし、ゲームが終わった後は、獲得した食材の量や品数に、各班の差ができます。そんな時、各班の話し合いで物々交換が始まり、結果として皆美味しい夕食となります。薪割りを手伝ってお米をもらう班もありました。

Episode 16
リーダーやスタッフにあこがれる——かっこいいことは素晴らしいこと

キャンプでは、何をやるにもリーダーやスタッフの指示に従います。彼らは子どもたちのために一生懸命(子どもたちが起きる前から寝たあとまで)頑張ります。その頑張りを、子どもたちはしっかりと見ています。スタイルや容姿ではなく、頑張っている姿がかっこよく見えるのでしょう。リーダーは子どもたちの憧れでありヒーローなのです。頑張れば、誰でもヒーローになれることを子どもたちに知ってもらいたい。

Episode 17

できないことができた時の喜び――誉められた時の喜び

少年野球チームに入っている子どもが、ある日とてもうれしそうに話しかけてくれました。野球の練習の時、失敗するといつも叱られます。「バカ! 何やっているんだ! やりなおし!!」と。しかし、このキャンプでは「おしいな! 今度はできるぞ!」「いいぞ! その調子」などと誉めたり、励ましてくれることがとてもうれしいのだそうです。子どもは、最初は未完成だらけです。でもそれを欠点と見るか長所と見るかです。

Episode 18

知らせること――自ら知ること

キャンプに参加する前に多くの子どもたちは、両親から小野田さんのルバング島のことを聞いてきます。小野田さんと接して、子どもたちは自らも学びます。「すごい、すばらしい人」だと。そして、両親から聞いた小野田さんの話の意味を、自分なりに理解します。以後、両親からお便りをいただきます。子どもが目を輝かせて小野田さんのことを話してくれたそうです。親子の話題が初めて一致して、とても嬉しかったとありました。

Episode 19

社会――キャンプ――働くこと――傍（はた＝周り）の人たちを楽にさせること

トイレ掃除も積極的――理屈が分かれば何でもやれるようになります。

Episode 20

三つ子の魂――子どもを侮らない――親子の認め合い

飯ごう炊飯の方法は、子どもたちに教えます。そして子どもたちが得意になって親に教えます。親子の会話が弾みます。

Episode 21

お風呂は週に数回（毎日ではない）――子どもは全く気にしない

皆で決めて、皆で同じことをやれば、我慢できるのです。

Episode 22

火は人を和ませる――何事も時と場所と環境により、人の気持ちも変わる

焚き火をしていると、人が集まってきます。そして、自分のことを話すようになります。

Episode 23

持ち場の自覚——責任を果たすこと

女の子たちが、キャーキャー言っていました。マムシを見つけたのです。そばで、男の子たちが一生懸命マムシを棒で叩いて追い払おうとしていました。

マムシは林の中に逃げていきました。男の子たちは、まだ緊張していました。

きっと、彼らも怖かったのでしょう。でも、女の子たちには弱みを見せませんでした。こういうことが男らしさを育てるのでしょう。

Episode 24

パイロットの夢をかなえた男の子

運動の得意な男の子がいました。しかし、勉強は苦手でした。小野田さんが、将来の夢を聞きました。その子はすかさず、パイロットと答えました。小野田さんは言いました。パイロットは体も丈夫でなければいけないが、数学や英語も知らないと飛行機の操縦はできないよ、と。最近、彼は大学を優秀な成績で卒業して、パイロットになったそうです。

Episode 25

和式と洋式

　最近の子どもたちは、洋式のトイレになれています。キャンプは和式です。山でビバークをする時は、スコップで穴を掘って用を足します。最初はできませんが、どうしても困ればできるものです。やってみてからやらせてみれば、皆できるようになります。

Episode 26

準備万端

　ナイトウオークは、夜に暗闇の中を、決められたコースにしたがって歩きます。スタッフは、事前に日中コースの下見をして、目や脚下の高さにある小枝を切って、怪我をしないように準備をします。これまでに一人の怪我人も出ていません。

Episode 27
マスつかみ——生き物を自分で料理する

　マスを堰き止めた小川に放して子どもたちに捕まえさせ、自分でさばき、塩焼にして食べます。子どもたちも真剣に行います。生命の恩恵を知る好機です。味わいながら食べています。

Episode 28
言われていることが分からない——言っている方は分かっている

　スタッフが子どもたちに話す時には、子どもたちに分かりやすい言葉を使います。

「本日は」→「今日は」

「禁止」→「やってはいけません」

「同行」→「一緒」

大人にとってはなんでもない言葉ですが、子どもにとっては分からないのです。

言っていることが分からないのではない。言われていることが分からないのだ。言っている方は、自分のことには気がつかないもの

Episode 29

能力に差があるのは当たり前

後片付けが、早い班と遅い班がある。しかし早い班が、いつもきれいにしっかりと後片付けができているとは限りません。結果も大切、中味も大切。

Episode 30

子どもは騒ぐのが仕事

両親——早くしなさい、ダメですよ

子ども——走り回る、大声を出す

第4章 各プログラムの実践マニュアル

※「B&G親と子のふれあいキャンプ」で使用しているマニュアルです。班長、リーダーといった言葉がでてくるので、家族やグループで役割分担してください。

それぞれの目的や
ねらいを理解し、
子どもたちと接しよう！

小野田自然塾のキャンプは、子どもたちが自発的に行動しながら自主性や自律性などを学び取る場です。その基本的な考えは次のとおりです。

Ⅰ：自然は最高の教師である。

自然の恩恵や偉大さ、尊厳を知り、人間も自然の一員であることを悟る。

Ⅱ：人間は1人では生きられない。

仲間がいるから、がんばれる。その最大の仲間が両親である。
組織と社会を維持するための規律や協調の必要さを知る。

Ⅲ：自分自身を強くする。

他人に迷惑や心配をかけない、たくましさを養う。自律心、自制心を養う。

大人の皆さんは、次の心構えを持って子どもたちと接してください。

Ⅰ：子どもたちの自由・自主・積極性を尊び、自主自律・自発性を呼び起こす。

子どもの能力で可能かどうかを状況判断し、不足する知識・技能を補いながらヒントを与え、自らの力で解決できるよう指導する。

Ⅱ：子どもたちが自らの活動体験によって真の自信を体得し、個性を発見し、社会のルールの必要性を学んでいく場を与える。

社会人として失格となる行為は許さない。状況を的確に判断し、適切な注意を与える。
命を預かる責任の重さを認識して子どもたちを見守り、事故につながる行為かどうか迅速に判断し的確に行動する。

<table>
<tr><th>内容</th><td colspan="3">キャンプ場での「テント設営法」を説明。</td></tr>
<tr><th>目的・ねらい</th><td colspan="3">◇キャンプ中の宿泊施設となるテントを班員と力を合わせ、自分たちの手で設営する。
◇キャンプの基本となるロープワークをマスターする。
◇「説明を聞き、実施する」というキャンプ生活の基本を体験する。</td></tr>
<tr><th>実施場所</th><td colspan="3">天候により、ドーム、もしくはテントサイトを選択する。</td></tr>
<tr><th rowspan="3">スタッフ人員</th><td rowspan="2">準備時</td><td>4名以上</td><td>テントサイトの位置決め</td></tr>
<tr><td>2名以上</td><td>テント及び付帯備品数の確認</td></tr>
<tr><td>実施時</td><td>チーフ1名
補助3名</td><td>見本として1張り設営する場合</td></tr>
<tr><th>準備用品</th><td colspan="3">＜位置決め＞　メジャー（歩測で代用可）、目印となるポール（杭）、唐鍬、木っ端（ガタつき直し用）、ナタ
＜テント設営時＞　参加人数に対応した「テント」「土台」「グランドシート」</td></tr>
<tr><th>準備手順</th><td colspan="3">◇草刈り・・・事前に草刈り機で対象エリアの草刈りを行う。
◇位置決め・・・何張りのテントを設営することになるのかを把握し、前後・左右の間隔を配慮し、目印となるポールを立てる、もしくは土台となる「すのこ」を設置する。
◇ドーム内に「テント」「グランドシート」「床板」の使用数を把握し、わかりやすく並べる。</td></tr>
<tr><th rowspan="2">実施手順</th><td colspan="3">◇事前に「テント設営の基本」をレクチャーする。
◆テントの種類・役割
◆テントを設営して良い場所・悪い場所
◆雷への配慮
◆その他
◇以下の要領で指導を行う。</td></tr>
<tr><td colspan="2">テントの確認</td><td>1.テントの備品には何があるか、実際に袋から出しながら説明する。
2.各備品の特徴・役割・個数を説明する。
3.特に「ペグ」「張り綱」の個数は、開封時の確認を徹底（不足の場合は充足）。</td></tr>
</table>

実施手順	設営法	設営手順に従い、説明を行いながら実際にテントを設営。 【張り綱の結び方】 ◆「ひきとけ結び」「自在結び」の仕組みを説明。実際には「ひきとけ結び」のみ、作業中に各班のリーダーが指導。「自在結び」は必要に応じて体験させる。 【ペグの打ち方】 ◆ペグを打つ場所、テントとの位置関係、打ち込み角度などを説明。ロープは地面と70度の角度を目安としています。
実施手順	設営終了後	1.説明書、ペグ袋、支柱袋を専用バッグの中に戻し、テント内で管理するように指導。 2.テント内が砂などで汚れている場合は、専用のほうきで清掃。 3.寝具の配布後、各自の荷物を搬入。
参加者の持ち物・服装		帽子、軍手、長ズボン
留意点		◇キャンプ場到着後に行われる最初の活動である。これから始まるキャンプ生活への不安を取り除き、期待を膨らますためにも、すべての班員が作業に携わることができるように指導する。 ◇設営するのは原則的には参加者である。リーダーは次に行われる作業・手順、必要な技術を指導・補助する役割である。 ◇説明が長くなり、実際の作業時間が少なくならないよう工夫する。 ◇雨天時の設営は困難であるため、ドーム内で設営後、移動させることもある。
安全管理		◇全員一斉の作業になるため、他の班員の動きに注意。 ◇土台となる「すのこ」「床板」を移動させる場合は、必ず安全を確保できる者が付き添う。参加者には、軍手を着用させる。 ◇テントの支柱となるポールは長いため、自分の班だけでなく、隣の班への配慮も欠かさない。 ◇キャンプ場での最初のプログラムとなるため、家からの長距離の移動に伴う疲労に加え、炎天下での作業となる場合もあるので、参加者の体調変化には十分な注意を払う。

<table>
<tr><td>内容</td><td colspan="3">「火のおこし方」と同時に、薪を手頃な太さに割る「ナタの使い方」を説明。</td></tr>
<tr><td>目的・ねらい</td><td colspan="3">◇炊事を行う際、手頃な太さの薪を作るために、ナタは必須の道具である。基本的なナタの取り扱い方を説明するとともに、間違った使い方をしたとき、非常に危険な道具であることを理解させる。
◇道具を正しく使うことの重要性と、大切に使うことの意義をわかりやすく説明する。</td></tr>
<tr><td>実施場所</td><td colspan="3">◇天候により、ドーム、もしくは炊事場テントを選択する。</td></tr>
<tr><td rowspan="2">スタッフ人員</td><td>準備時</td><td>１名以上</td><td>◆見本用の薪セットの用意（さまざまなサイズを用意）。</td></tr>
<tr><td>実施時</td><td>１名以上</td><td>◆リーダーが、「ナタの使い方」等を説明。</td></tr>
<tr><td>準備用品</td><td colspan="3">◇薪セット一式</td></tr>
<tr><td>準備手順</td><td colspan="3">◇薪は「ナタの使い方」の際に実際に割るので、手頃な物を選別しておく。</td></tr>
<tr><td rowspan="3">実施手順</td><td colspan="3">◇以下の要領で「ナタの使い方」指導を行う。</td></tr>
<tr><td>ナタとは</td><td colspan="2">◆ナタは薪を割る道具である。木を切る道具ではないことを理解させる(キャンプの場合、木を切るのはノコギリである)。</td></tr>
<tr><td>ナタの怖さ</td><td colspan="2">◆ナタは他の刃物に比べて非常に重い道具である。したがって、万一ケガをした場合は、想像以上の重傷になることを説明。最悪の場合は「腿」を切断してしまい、一生後悔することになりかねない。
◆そのため、ナタを持つ手は滑らないように「素手」であるが、反対の手には軍手を二重にすることを徹底させる(軍手を二重にしてもドンとあたれば、血が出る)。
◆周囲の人間への配慮として以下の点を説明。
→重い道具であるゆえ、すっぽ抜けることも考え、正面に人がいないことを確認する。
→土台には、厚い木を使用し、石やブロックは使用しない。破片が飛んだり、ナタの刃がかけたりすることがある。
→割れた薪が左右に飛び散ることもあるので、近くに人がいないことを確認。
→ナタを使っている人の後方に立つと、振り上げたナタがぶつかりケガをすることも考えられるので、絶対に後ろからのぞき込まない。
→要するに、周り人が居ない場所でしかナタは使えない!</td></tr>
</table>

実施手順	ナタの使い方	◆ナタを持つ手は「素手」、反対の手には軍手を二重にすることを確認。 ◆土台には厚い木を使うことを確認。 ◆薪を割る方法として、次の2つを説明する。 ＜第1の方法＞ 1 .薪にナタをあて、一緒に振り上げる（薪からナタは離さない）。 2.振り下ろした瞬間、薪から手を離す。 ＜第2の方法＞ **※安全のため、子どもにはこの方法を教える。** 1.細い木で薪を支える。 2 薪をめがけてナタを振り下ろす（手前に振り下ろすと足に当たることがあるので注意）。 3.上手く薪に当たってナタが食い込んだら、両手でナタを持ち、薪を割っていく。 ◆割りやすい薪を選ぶこと。根に近い部分や大きな節がある薪は避ける。大きな力が必要になるため危険でもあるし、道具を傷めることにもなる。 ◆正目の薪にもかかわらずナタが食い込んでしまった場合には、2人で協力して割る方法もある。
	使用後	◆使い終わったナタは、さやに納め、各班で決めた所定の場所に戻す。決して直接地面に放置しない。 ◆地面に放置すると、ナタを蹴って自分の足をケガするだけでなく、他の人に危害を加える恐れもある。また、錆びの原因となり、道具の寿命を短くすることにもなる。
参加者の持ち物・服装	軍手、長袖、長ズボン	
留意点	◇非常に危険な道具であるため、責任を持った取り扱いができるよう、参加者の意識を集中させることが必要である。 ◇キャンプ中に発生する大きな怪我のほとんどが、この「ナタ」によるものである。しかし、上記の使用方法を遵守する限り、怪我の発生は防げるはずである。怪我が発生するのは間違った使い方をした場合と、リーダーが目を離した場合のみである。細心の注意を払うことが必要である。 ◇すべての木がナタで割れる訳ではない。太い薪は「斧」でないと割れない場合がある。リーダー体制に余裕があれば、上級コースとして「斧」を使用させることも考えられる。→無理な挑戦は避けるべきである。	
安全管理	◇ナタは非常に危険な道具である。よって、充分な数のスタッフが確保できない場合は、使用を制限させることも必要である（使用場所を限定する、使用させないなど）。 ◇ナタは、薪を割る以外に、枝を払ったり、立ち木を切ったりする道具として使用するが、キャンプでは「薪を割る道具」として紹介することが望ましい。キャンプの短期間では、さまざまな技術をマスターすることは困難である。 ◇万一、ナタで怪我をしてしまった場合には、応急処置の後、病院への搬送が必要となる可能性が高い。事前に病院への連絡方法を調べておくだけでなく、キャンプ実施期間を搬送予定先の病院へ連絡し、対処法などについて打ち合わせしておくことが重要である。	

第4章 各プログラムの実践マニュアル／野外技術講座「火のおこし方」

<table>
<tr><th>内容</th><td colspan="3">火の大切さや注意点を話しながら、実際に「火のおこし方」の技術をマスターする。また、それに関連した「薪の選び方・使い方」を説明する。</td></tr>
<tr><th>目的・ねらい</th><td colspan="3">◇火がおこせることは、炊事が楽になるだけでなく、野外活動をより快適に、楽しくする要素を含んでいる。「キャンプに来たんだ」という実感を味わうためにも、全員が「火おこし」をマスターできるようにする。
◇「火」という危険を伴うものを扱うことにより、やる気と責任感を養う。
◇どのような「薪」を見つけ選ぶことが、火をつけるために重要になってくるのかを説明するとともに、「薪」も大切な資源であることを理解させる。</td></tr>
<tr><th>実施場所</th><td colspan="3">◇天候により、ドーム、もしくは炊事場テントを選択する。</td></tr>
<tr><th rowspan="2">スタッフ人員</th><td>準備時</td><td>1名以上</td><td>見本用の薪セットの用意
◆三脚カマド用の枝・トタン板の用意
◆移動式カマド：通称ゴンゴンの用意</td></tr>
<tr><td>実施時</td><td>1名以上</td><td>リーダーとともに「火のおこし方」等を説明。</td></tr>
<tr><th>準備用品</th><td colspan="3">◇「火のおこし方」を説明する際に使用する備品
→「トタン」「新聞紙」「小枝」「杉の葉」「手頃な薪」
◇非常用として、水の入ったバケツ</td></tr>
<tr><th>準備手順</th><td colspan="3">◇講座を行う場所に、上記準備品を用意。
◇薪は「ナタの使い方」の際に実際に割るので、手頃な物を選別しておく。</td></tr>
<tr><th rowspan="4">実施手順</th><td colspan="3">◇以下の要領で指導を行う。</td></tr>
<tr><td>「火の話」</td><td colspan="2">リーダーが火の大切さや注意点を説明する際、スタッフが火つけ道具の準備を行い、補助をする。</td></tr>
<tr><td>「火のおこし方」</td><td colspan="2">説明を行いながら、実際に火をおこしてみる。「こんなに簡単なんだよ」というプログラムなので、失敗のないように!
【要点】
◆トタン板を使う意味。
◆土台の作り方。
◆「火はなぜ燃えるのか?」について、資料を使って説明。
◆火は「下から上に燃える」特性を活かした組み方の説明。
◆燃えやすい物(新聞紙、杉の葉など)を上手に使うこと。
◆空気(酸素)の通り道を確保した火の管理。</td></tr>
<tr><td>「薪の選び方」</td><td colspan="2">自然塾では、山から自分たちが使う薪を調達することを基本とする。よって、「どのような薪を選べばよいのか」を以下の項目を参考として説明する。
◆焚きつけ用の杉の葉、燃えやすい小枝、ある程度の火力を保てる木というように、さまざまな太さの木を見つける。</td></tr>
</table>

実施手順	「薪の選び方」	◆必要に応じて、ノコギリやナタを使い、使いやすい大きさ・太さに揃える。 ◆「乾燥しているもの」を選ぶ。 →乾燥した木：触って温かく感じる。折るとパキッと乾いた音がする。 →湿った木:触って冷たく感じる。折るとしなる。 ◆山から薪を調達する場合、当然ではあるが絶対に立ち木を切らない。
	「薪の使い方」	◆薪も元は山に生えていた樹木である。必要以上に使うことは、資源をムダにすることである。火をつける時には、他の準備が進んでいるか確かめてからする。「薪」を使うことは、家でガスや電気を使うのと同じように大切な資源を使っていることを理解させる。
	薪の管理方法	確保した薪を湿らないようにする配慮が大切である。以下の方法を参考に、各班で工夫させることが望ましい。 ◆小さなシートに包んで、地面からの湿気、夜露から守る。 ◆使い終わったカマドを利用して、乾燥させる。 ◆次回の炊事がスムーズにできるよう、種類分けをしておく。
参加者の持ち物・服装	軍手、長袖、長ズボン、帽子	
留意点	◇「火をおこす」技術は、決して難しいものではない。コツを修得するまでに、若干の時間が必要なだけである。最初は何回か失敗するかもしれないが、焦ることなく、また面倒がらずに、基本に忠実に何度でも試行することが重要である。 ◇「火おこし」は、マスターすると非常に役立つ技術であるとともに、非常に楽しい行動である。したがって、実際の場面では、「できる子ども」が独占してしまうことが多く、意識して指導しないと体験できない子どもや失敗を恐れて体験することを怖がってしまう子どもが出てくることがある。炊事をスムーズに進めることばかりにとらわれるのではなく、学んだ技術を実践する時間との意識を持って、指導にあたることが重要である。 ◇火の扱いに慣れてくると、「火遊び」をする子どもが出てくるので、要注意。 ◇環境問題にこだわり過ぎると、森林を守るため、CO2削減のためには、薪を使うことは避けるべきだ!となってしまう。しかし、「火のありがたさ」や「木を大切に使うことの重要性」を、実際に体験によって理解させることがより重要ではないかと考える。	
安全管理	◇指導中に大きな火が発生したり、子どもたちに危険が及んだりすることは考えにくいが、安全指導の観点から、火を扱う時には必ず「水を入れたバケツ」を用意しておくことを徹底させる。 ◇実際の炊事場面では火をおこすことに夢中になってしまい、マッチやライターの管理がおろそかになる場合がある。特にこれらを火のそばに放置することは、爆発や大きな火を発生させる可能性があるため、管理を徹底させる必要がある。 ◇火を扱う時の服装は、長袖・長ズボンに軍手を着用。髪の長い子どもは帽子を着用させるか、きちんと束ねさせることが必須である。	

内容	飯ごうの機能、飯ごうでのご飯の炊き方、取り扱い方を説明。		
目的・ねらい	◇飯ごうの機能とともに、正しい使い方をマスターする。 ◇炊事の効率化を図るためのコツを教える。 ◇道具の丁寧な扱いを覚える。		
実施場所	天候により「炊事場テント周辺」を選択する。		
スタッフ人員	準備時	1-2名	◇飯ごう（2個）用意。
	実施時	1名以上	◇飯ごうの使い方などを説明。
準備用品	◇飯ごう2個		
準備手順	◇特になし		
実施手順	◇以下の要領で指導を行う。		
	飯ごうの説明	1.飯ごうは4合までのご飯を炊くことができる。また、ご飯を炊く道具であるだけでなく、米の計量にも使えることを説明。 ◆中蓋2合 ◆外蓋3合 ◆飯ごう1升1合（約2リットル）	
	水の量	1.米の研ぎ方を説明した後、必ず水を入れることを忘れないようにする。米の合数に対応した水の量は飯ごう本体の内側（腹）にある目盛りで計ることができる。上の線は、米4合。下の線は、米2合に対する水の量を示すものである。 2.ただし、標高が高い場所では、水の沸点が下がるため、水が早く蒸発してしまう。結果、芯のある硬いご飯になってしまうため、少し多めに入れるようにする。 3.また、多少柔らかいご飯の方が、慣れないキャンプ生活で疲労し、胃の消化能力が低下している者には適している。	
	火にかける時の注意	1.中蓋は絶対に使用してはならない。中蓋を誤って飯ごうの中に入れたまま火にかけると、時として爆発に等しい蒸気の噴出があり、炊飯に失敗するばかりでなく、火傷の心配まで生じる。	
飯ごうの並べ方 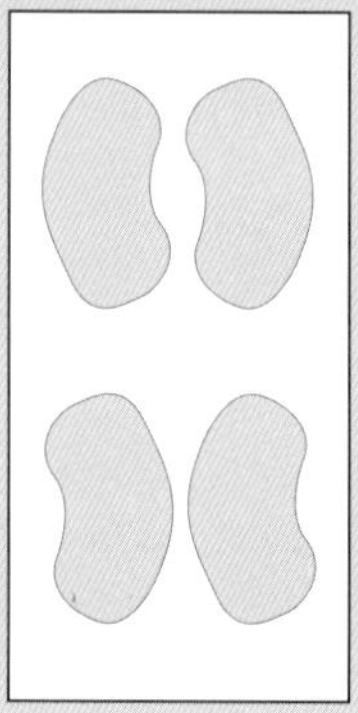	飯ごうの並べ方	1.複数の飯ごうを火にかける時は、上部より見て左図の如く、外側と外側、内側と内側を向かい合わせにする。 <理由>火焔がその隙間を通って上昇し、加熱効果が良いばかりでなく、焚火の熱対流を妨害せず、焚火が良く燃える。	

実施手順	炊き上がりの識別法	◇飯ごうに火が上手にあたれば、約20分で炊き上がる。以下に炊き上がりの識別法を3つ紹介する。 1 .水が沸騰し始めると、水が外蓋の間から垂れ始めるが(多量の場合、焚火を小さくする)、やがて蒸気が勢いよく噴き出すようになる。蒸気が少なくなって垂れていた水が糊のようにパリパリになれば、炊き上がりである。 2.細い枝を素手で持ち、飯ごうの蓋にあててみる。沸騰している時はその振動が手に伝わる。振動がなくなれば沸騰が終わったことであり、炊き上がりである。 3. 初心者はためらわずに飯ごうをカマドより下ろして、外釜を取って中を点検することが便利である。ご飯の表面に穴が幾つか開いていればできあがっている(飯ごう炊飯は一般に米を炊くのと異なり、途中で蓋を取ったぐらいでは炊き上がりには影響はない)。
	炊き上がり後の工夫	1.炊き上がれば、飯ごうを逆さにしたうえ、汁の多い草または新聞紙を少し濡らしたもので飯ごうの煤を拭き取る。 ＜理由＞飯ごうが冷めてからでは、煤は落としづらい。
参加者の持ち物・服装	帽子、軍手、長袖、長ズボン	
留意点	◇キャンプの楽しみの1つである食事に関する技術である。ご飯が上手に炊ければ、おかずが多少不出来でも何とかなるものである。そのため、多少説明が長くなってもきちんと伝えることが必要である。参加者を飽きさせない話法も必要になってくる。 ◇特に注意する点として(最近は少なくなったが)、往々にして飯ごうの底を棒などで叩き、炊き上がった飯を下方に落とすと、飯が良く蒸れて炊き上がると間違えて覚えている者がいる。その必要は全くない。これは飯ごうを変型させるだけであるので、絶対に行わせないようにする。	
安全管理	◇説明後、すぐに炊事が始まる。ナタを使う者、薪を取りに行く者、長い木をノコギリで切る者、火をおこす者、材料を包丁で切る者など、いっぺんに危険を伴う作業の開始である。班付きリーダーは班員の役割分担を明確にし、遊んでしまう者が出ないようにすることも大切であるが、班全体を掌握できる位置に立ち、危険を回避する必要がある。 ◇班付きリーダー以外のスタッフも、他に作業がない者は基本的に全員出動である。班付きの目の届かない所を補い、安全管理を行うことが必要である。 ◇火にかかっている飯ごうは、言うまでもなく非常に熱い。それにもかかわらず、素手で取手を持ってしまい、火傷をする者がいる。うっかりミスではあるが、軍手を着用していれば防げる事故である。「火を扱う時は軍手着用!」を徹底させる。 ◇炊事場では、長袖・長ズボンの服装を徹底させる。火傷・切り傷を負ってから後悔しても遅いのである。	

<table>
<tr><td>内容</td><td colspan="3">小野田塾長のフィリピンでの体験を元に作成されたプログラム。真っ暗な森の中を、微かな明かりを頼りに歩くゲーム。</td></tr>
<tr><td>目的・ねらい</td><td colspan="3">◇自分たちの秘められた能力に気づくことにより、「頑張ればできるんだ!」という自信をつけさせる。
◇暗闇に対する恐怖心を取り除くとともに、懐中電灯に頼る行動を軽減させる。
◇真っ暗な場所での不安感、仲間と出会えた時の安心感を通じて、一緒にキャンプ生活を過ごす仲間の大切さを理解させる。
◇火(明かり)のありがたさを気付かせる。</td></tr>
<tr><td>実施場所</td><td colspan="3">◇森の中など明かりの届かない場所に作ったナイトウオーク用のコース</td></tr>
<tr><td rowspan="2">スタッフ人員</td><td>準備時</td><td>2名以上</td><td>◆「ケミホタル」(夜釣り用具)をセロハンテープでひもにつなぐ。(緑色14個程度、赤色4個程度)。</td></tr>
<tr><td>実施時</td><td>チーフ1名
補助2名</td><td>◆進行及びプログラムの説明を行い、ゴール地点で参加者を待ち受ける。
◆出発の順番及び間隔を指導する役割。
◆最初の段差での補助を行う役割。</td></tr>
<tr><td>準備用品</td><td colspan="3">＜準備時＞スコップ、ナタ(コース確認時の整地用)。
ひもに取り付けた「ケミホタル」(緑色14個程度、赤色4個程度)。
＜実施時＞説明用の「ケミホタル」、懐中電灯(リーダーのみ)。</td></tr>
<tr><td>準備手順</td><td colspan="3">◇「ケミホタル」:事前に釣具屋などで購入。サイズは最も小さい20ミリのものが使いやすい。約30センチのたこ糸にセロハンテープで固定しておく。(プログラム当日の夕方に行う)。
◇コース確認:夕食前にコースを確認するとともに、「ケミホタル」を設置する。
コース確認は以下の点に注意して行う。
1.最初に曲がる地点がわかりやすくなっているか。直進できないように偽装する必要はないか?
2.登り坂の歩行補助ロープは機能しているか?
3.コース上に歩行の妨げとなるような枝、倒木を取り除く。
4.立ち枯れしている木があれば、危険を回避するため倒しておく。
5.ゴール後に歩く道に轍(わだち)がある場合は整地する。倒木があれば取り除いておく。
◇「ケミホタル」の設置に際しては、以下の点に注意して行う。
1.暗闇での唯一の目印となるため、できるだけコース上の確認しやすい場所に脱落することがないよう緑色を設置する。しかし、かといってあまり簡単になりすぎることがないように設置する。
2.「ケミホタル」を頼りにすることにより、危険を招く恐れがないように、さまざまな状況を考慮し、設置する(例:崖側には設置しない。曲がり角があるのに設置しない等)。行ってはいけない場所には赤色を置く。
3.基本的には前回設置した個所に取り付けるようにする。</td></tr>
</table>

実施手順	◇事前に「暗闇の歩き方」をレクチャーする。 ◆転ぶことを前提にした歩き方 ◆暗い場所でもはっきりと物を見るコツ ◆手、足の使い方 ◆その他 ◇以下の要領で指導を行う。	
	内容説明	暗闇に目を慣らせる意味からも、キャンプ場を出発してからスタート地点で説明を行う。説明する内容は以下の通りである。 1.真っ暗な森を歩くプログラムであること。しかし、肝試しのように怖い仕掛けは一切ないことを強調し、「何のために行うのか」という趣旨をきちんと説明する。 2.目印として、「ケミホタル」がコースに設置してあるので、それを頼りに歩くこと(緑色と赤色の違いも説明。緑色は、このまま進め。赤色は、この先は危険)。 3.どのようなコースなのか。 4. 2大禁止事項の説明。 「ケミホタルを取ってしまうこと」、「他人を驚かすような行為」。この2点を守れなかった場合は、危険を伴うとともにプログラムの目的を達成することができないため即中止とする。
	スタート地点	【スタート間隔】 ◆基本は「1人ずつ」「1分間隔」でスタートさせることが望ましいが、参加者数、対象などにより、スタート間隔は変化する。 ◆スターターの指示により、スタートする。 ◆最初の側溝はたいへん危険なので、補助をする、赤いライトで照らすなどの配慮を行い、危険を回避する。 ◆参加者の合間にリーダーが入り、途中の状況を把握する。問題がある場合は、スタート地点、もしくはゴール地点のリーダーに報告する。
	ゴール地点	◆到着する参加者を驚かさないように受け入れ、班ごとに静かに待機させ、リーダーが到着次第、人数の確認を行う。 ◆最終者が到着後、再度各班の人数を確認。 ◆全員が揃ったことを確認し、以下のような指導を行う。 ＜ゴール地点での指導＞ 1. 感想を聞く。 2.小野田さんのフィリピンでの体験を話す(著書等を参照)。

<table>
<tr><td rowspan="2">実施手順</td><td>ゴール地点</td><td>3.「最初は出来ないのではないかと思ったことでも出来ることもある。みんなの中には自分でも気が付いていない能力がいっぱい詰まっている。これから始まるキャンプ生活でも、諦めないで頑張ってみることが必要なんだよ」といった旨の話しをした後、実際に気が付かないうちにみんなの能力がどれだけ凄いことになっているか体験してもらう。
4.ライター１つの炎がどれだけ明るく感じるかを体験してもらう(炎を直後見ると、目を痛める恐れがあるので、友達同士で向き合ってもらうようにする)。</td></tr>
<tr><td>帰り道</td><td>◆ゴール地点からの帰り道は、全体でつながって歩くか、班ごとにまとまって歩いてもらう。班の団結を図るよいチャンスとする。
◆足場の安定したアスファルト道に出た段階で、再度人数確認を行う。
◆もし星がきれいで時間に余裕があれば星を見るのもよい。流れ星が見えるかもしれないぞ。</td></tr>
<tr><td rowspan="2">参加者の持ち物・服装</td><td colspan="2">帽子、軍手、長袖、長ズボン</td></tr>
<tr><td colspan="2">注1：懐中電灯は絶対に持参させない。
注2：貴重品、及び不必要なものは持たせない。
暗闇なので、落とした物は二度と見つからないと考えたほうがよい。</td></tr>
<tr><td>留意点</td><td colspan="2">◇暗闇に対する恐怖心は、森の中に宿泊する際の妨げとなる。「暗闇でも人間の目は見えるんだ」「怖くないんだ」という思いは、その後のキャンプ行動に大きなプラスとなる要素である。
◇決して肝試しではないことを強調して、人を驚かして楽しむプログラムではないことを、参加者をはじめ、リーダーにも徹底させる。
◇参加者の間に歩くリーダーであっても、緊急時以外は懐中電灯を使用することは避ける。</td></tr>
<tr><td>安全管理</td><td colspan="2">◇事前のコース確認が、危険回避の大部分を占める作業となる。あらゆる状況を想定して、危険を回避するよう努力する。
◇スタート地点でプログラムの説明を行った後、ゴール地点まで先に歩くことになる。この時は、必要に応じて懐中電灯をつけてコースの最終確認を行う。夕方と夜では状況が変わる時がある。また、「ケミホタル」の間隔に問題がないかもチェックする。</td></tr>
</table>

「マスつかみ」＆「マスの調理法」

<table>
<tr><td>内容</td><td colspan="3">川に放流した生きたマスを素手で掴み、それをその場で調理して、炭火で焼いて食べる。「生を食らう」貴重な体験となるプログラムである。いかに真剣に取り組ませるかが重要となる。</td></tr>
<tr><td>目的・ねらい</td><td colspan="3">◇生きたマスを素手で捕らえることにより、食糧を獲得する喜びを味わう。
◇生きたままのマスを自分たちの手で調理する(内蔵を取り出し、串に刺す)ことで、「人間は他の生き物の命を得て生きているんだ」という感謝の気持ちを育む。</td></tr>
<tr><td>実施場所</td><td colspan="3">◇下調べして深くない足場のとれる川を選んでおく。
◇マスを焼く場所は、川の近くの空地、あるいはキャンプ場。</td></tr>
<tr><td rowspan="2">スタッフ人員</td><td>準備時</td><td>3名以上</td><td>◆活動場所となる川岸一体、及び経路の草刈り。
◆川の上流・下流に網を設置し、放流したマスが逃げないための堤防設営。
◆マスを調理するための台、内臓を入れるバケツなどの運搬。</td></tr>
<tr><td>実施時</td><td>10名以上</td><td>◆進行説明役1名
◆堤防の管理2名
◆川の周囲・中での安全管理2名
◆調理台でのナイフの使い方管理2名以上
◆串刺し役1名
◆マスの運搬2名
◆マス焼き係2名</td></tr>
<tr><td>準備用品</td><td colspan="3">＜マスつかみ場＞　準備時：網、川幅と同じ長さの棒、草刈り機、鎌
実施時：調理台、ナイフ(4-6本)、軍手、バケツ(3個)
串、塩、トレイ、(着替え用テント)
＜マス焼き場＞　山砂、薪、炭、スコップ、消火用の水</td></tr>
<tr><td>準備手順</td><td colspan="3">＜マスつかみ場＞
◇参加人数+数匹分のマスを注文(多少逃げたり、捕獲できないことを考慮)。
◇前日の夕方に、マスつかみの現場整備を行う。
◇草刈り：地権者への連絡・承諾後に、経路及び現場周辺の草刈りを行う。
◇堤防作り：倖と網、川の石を上手く利用し、放流したマスが逃げないように堤防を作る。
◇川の中の安全確認：危険な箇所がないか、危険物が落ちてないか確認。
◇当日の早朝、マスを放流。
◇その際、調理台などを運搬し、セッティングする。
◇必要に応じて、着替え用のテントを設営する。

＜マス焼き場＞
◇山砂で円形のカマドを作製。串が刺さるように土手を作る。
◇マスつかみ開始と同時に火をおこし、すぐに焼けるようにスタンバイする。</td></tr>
</table>

<table>
<tr><td rowspan="4">実施手順</td><td colspan="2">◇事前に「マスを捕まえて、食べること」の意味をレクチャーする。
◆マスも食べられたい訳ではない。生きるために真剣なはずである。
◆捕まえたマスは昼ごはんのおかずとなる。マスの命を奪うことで、自分たちの栄養とするのだから、みんなも遊び半分ではなく、真剣にならないと、決してマスを捕まえることはできない旨を説明する。
以下の要領で「マスつかみ」指導を行う。</td></tr>
<tr><td>エリアの説明</td><td>◆荷物はどこに置くか（班ごとにまとめさせる）。
◆どこで・どうやって捕まえるか。
◆捕まえたマスはどうするか。その後の手順説明。
◇調理台で、マスを押さえる手に軍手をし、ナイフで腹を割く。
◇内臓を取り出し、川の水でよく洗う。
◇串刺し担当にマスを渡し刺してもらう。
◇串に刺したマスに塩を振り、マス焼き場へ。
→キャンプ場で焼く場合は集める場所を指示。
◆堤防を壊すとたいへんなことになるので、注意を促す。</td></tr>
<tr><td>マスの調理</td><td>◆調理台ではナイフを使うため、必ずリーダーが数名いる体制を維持し、安全教育および管理を行う。
◆安全対策としてマスを押さえる手に軍手を着用させる。
◆ナイフは個人備品を使わせることも考えられるが、先端が鋭利かつよく切れるナイフでなければ、腹を割くことができないばかりか、不必要な力を入れることで危険でもあるため、よく研いだナイフを用意しておくことが望ましい。
◆腹を割くことに抵抗を示す子どももいるが、趣旨を説明し、基本的にリーダーは手を出さない。最後まで子どもたちにやらせることが重要である。
◆取り出した内臓は台の上に放置するのではなく、所定のバケツにきちんと処理をさせる。</td></tr>
<tr><td>串刺し</td><td>◆本来は、マスに串を刺すところも体験させたいが、以下の理由からリーダーが担当する。
◇串の先端で手を刺すことがあるため危険である。
◇非常に技術を要する。
◇串刺しが充分でないと、焼く時に身が落ちてしまう。
◆串を刺したマスには塩を振るが、得てして「塩まみれ」にしてしまうことが多い。塩は味付けというより、ヒレ・尾などが焦げないようにすることが目的で付けることを理解させ、少量に留める(まさに振る)だけで充分である。</td></tr>
</table>

実施手順	終了後	◆取り出した内臓は、キャンプ場に持ち帰り、生ごみとして処理をする。 ◆川の堤防を壊し、できる限り元の状況に復元する。
	マス焼き	◆マスを焼く作業は、スタッフの仕事となる。 ◆焼きあがったマスは、温かいうちに食するのが望ましい。全員が揃うのを待つのではなく、でき上がった子どもから食べていく。 ◆雨天の場合は、雨よけの対策を取る。
参加者の持ち物・服装	濡れてもよい格好(短パン or 水着)、足の保護のためサンダル or 靴下、帽子、着替え、タオル	
留意点	◇マスつかみを単なる遊びでなく、「生を食らう」という意味あるプログラムにするためにも、動機付けが肝心である。目的をきちんと説明し、ふざける者、怖がる者が出ないよう注意することが重要である。 ◇子どもたちが水に入ってから、何かを説明しようとしても無駄である(それほど子どもたちは真剣になっているはずである)。伝えるべきことに漏れがないよう、事前にプログラムの流れを確認しておく必要がある。 ◇「川魚は嫌い」という子どもも、自分で捕らえ、調理した魚は新鮮でもあり、往々にして「美味しい」と言って食べることが多い。「好き嫌い」をなくす貴重なチャンスでもあるため、リーダーは上手く指導することが必要となる。	
安全管理	◇基本的に、子どもたちにはサンダルを履かせるように指導するが、川底に危険物がないよう充分注意する。 ◇子どもたちの多くは、生きた魚の腹を切るという経験がない。怖い、気持ち悪いといった感情を持つのは当然である。それを理解した上で、ナイフを使用させるため、通常以上の安全管理体制を取ることが必要である。 ◇串刺しに関しては、希望する子どもに対して方法を教えることも必要であるが、ナイフと同じように危険であるため、個々の力量を見極め、無理をさせないことが重要である。	

<参考>

串の作成	◇マスを刺す竹串を、事前のプログラムとして子どもたちに作成させることも一案である。自分の作った串にマジックで名前を書かせれば、どのマスが自分の捕らえたマスなのかを明確にすることができる。「どれを食べてもいいよ」というより、「自分が一生懸命になって捕らえ、真剣に調理したマスを食べられる」効果は大きなものがある。 ◇竹串の作製は、「ナイフの使い方」と連動させて行うことが効率的である。

<table>
<tr><td>目的・ねらい</td><td colspan="3">◇「食糧獲得」という獲得本能をあらわに表現させることで、人間らしさを目覚めさせる。
◇獲得した食材から、仲間と相談しメニューを決め、さらに不足している食材を他班と交換して、食事を作る。その一連の行動から以下のことを学ぶ。
1.基本的な社会の仕組み、恩恵を知る。
2.現代の進歩した文明社会ができた理由。
3.人間は一人では生きられない宿命の生き物であること。
4.友情、共存、他人に対する思いやり等の大切さ。
5.自己中心等の考え方の誤り。
6.自分が生きるために、必要な社会を維持するために、不自由、不便さを感じてもルールを自ら守らねばならないこと。</td></tr>
<tr><td>実施場所</td><td colspan="3">◇説明：皆が集合できる場所。
◇ゲーム：広場（明確にエリアを指定する）。</td></tr>
<tr><td rowspan="4">スタッフ人員</td><td rowspan="2">準備時</td><td>2名以上</td><td>食材の仕分け、袋詰め（例：厨房担当者）。</td></tr>
<tr><td>6名以上</td><td>エリア内に食材を隠匿。</td></tr>
<tr><td>説明</td><td>1名</td><td>進行役として、食材隠匿時にルールの説明、班内での役割分担等を行う。</td></tr>
<tr><td>実施</td><td>進行：1名
審判：3名以上</td><td>審判は、ゲーム中にルールが守られているかどうか確認する監視役。</td></tr>
<tr><td>準備用品</td><td colspan="3">3～4種類のメニューに対応した食材。集めた食材の偏り、発見できなかった時のことも考え、適正量より1～2割多く用意する。</td></tr>
<tr><td rowspan="2">準備手順</td><td colspan="3">＜食材の仕分け・袋詰め＞　※参考例：各班10名X6班、60名の場合
◇設定されたメニュー（例えばカレー、焼きそば、煮込みうどん等）、各20名分＋αの食材のうち、主要な食材（米・麺類等）及び他の材料（肉・野菜等）は、12 or 18等分（班の数×2～3）にして、ビニール袋に入れる（合計36～54袋になる）。
◇肉・卵・生麺等、傷みやすいものは現物ではなく、カードを作製し、それをビニール袋に入れる。
◇食用油、調味料（カレー粉、醤油、味噌、塩等）は、敢えて分割せずに容器のままとし、どこかの班が独占できるようにしておく。</td></tr>
<tr><td colspan="3">＜隠匿作業＞　※エリアを明確に指定する。
◇隠匿作業は、子どもたちを現場から離して事前に準備作業を見せないスケジュールを組んでおき、支援スタッフが手分けして行う。（食品が傷まぬよう、可能な限りゲーム寸前に作業すること）。
◇隠匿する場所・方法は比較的発見容易なものと、意表外な場所、あるいは巧妙な手段等により、難度の高いものとする。難度の高きものには肉・卵等、子どもたちの要求心の強いものを選ぶ。</td></tr>
</table>

準備手順	◇隠匿担当者は、事前に参加する子どもたちの年齢・能力に応じた隠し場所・方法を検討しておくが、これは子どもたちとの知恵比べでもある。 ◇更にビニール袋に紙、石、土、空き缶等を入れた「だまし」を作ることもゲームに必要な要素である。	
実施手順	◇以下の要領でルールを説明する。なお、説明が終了した段階で、できる限り参加者から質問を受け付け、参加者全員が納得した上でゲームに参加できるようにする。 ◇獲得したものはすべて班の所有であることを繰り返し伝える。少量の班はそれだけで我慢せねばならないことを言い渡しておく(冗談めかして、「1つも獲れない班は夕食抜きで就寝だぞ!」等)。→子どもたちの本能をかき立て、行動を活発にさせるためである。	
	エリアの指定	1.広場のどのエリアに食材が隠されているか、範囲を明確に指示する。 2.予め危険が予想される場所、施設への立ち入りがないようにする。 →勢い余って炊事場テント内の野外備品を散乱させたり、駐車してある車両へ出入りしたりすることを避けるため。
	ルール説明	◇各班は、ハンターゲームと同様に「ハンター役」1名を自選させ、他の者は「猟犬役」となる。班ごとに動物の鳴き声や合言葉を決める。ハンター役には目印となる「たすき」を着用させる。 ◇ルールは、「猟犬役が発見した獲物(食材)を合言葉でハンター役に知らせ、それを獲得する」という単純なものであるが、幾つかの規定を設ける必要がある。 1.猟犬役は獲物を発見してハンター役を合言葉で呼び、場所を知らせるだけであり、獲物(食材)に手を触れてはいけない。 2.ハンター役は、自班の猟犬役の発見したもの以外に(自分で発見したもの、あるいは他の班の猟犬役が発見しているもの)を獲得することはできない。 3.猟犬役が合言葉・鳴き声以外に、人間の言葉を発した場合・即時行動停止処分となる。その審判は、食材を隠したスタッフ及び班付きリーダーが担当する。違反者には黄色のロープやテープ等で両手を縛り、よく目立つようにしておく。木立等があれば、それに繋ぐ、あるいは指導者のいる場所に連行する等、オーバーな表現もゲームを盛り上げるが、決して懲罰的な感覚を与えない配慮が必要である(実際には、「違反をすると取り締まるぞ!」というポーズをするだけで、厳しく行う必要はない。前述した「本能のままに流されず、常に自制心を保つ必要がある」という点を認識させるが故の方法である)。
	成果確認	◇おおよそ獲得が終わったと判断すれば一時ゲーム中止を命じ、全員を集合させる。 ◇指導者は隠匿を担当したスタッフから未発見の有無の報告を受け、未発見のある場合、その食材を隠したスタッフに、食品の種

実施手順	成果確認	類・個数・方向を指示させたうえ、ゲーム再開を号令する。したがって隠匿担当スタッフは、ゲームが一時中止になる以前に、さりげなく自己担当の未発見物を確認しておかなければならない。 ◇それでもなお発見できなかった場合、全員集合の上で担当スタッフが自ら隠した場所に直行して、子どもたちの目の前で取り出す等も一興である。 ◇各班で獲得した食材は、「戦利品発表」として他の班にもわかるように発表させる。これにより、何がどの班にあるかがわかり、のちの「物々交換」へとつながる。
	メニューの決定	◇獲得した食材の種類の傾向によって、メニューを決めることになるが、希望するメニューを満たすだけ食材は整っておらず、決定するまでに相当の時間を要する。このとき、班付リーダーは決して「答え」を出してはならない。子どもたちがそれぞれ自案を主張し合うに任せておけばよい。それが子どもたちの自主性・協調性を育むからである。長い討議の結果、決定するが、そこで不必要品と必要品が自発的に提案され、実行される。結果、物々交換が始まることになる(先述、油・調味料等を独占させる必要上、分割しなかったのは、このためのものである)。
参加者の持ち物・服装	帽子、長ズボン、動きやすい靴	
留意点	◇このゲームの実施は夕食前に限られる。なぜならば、特に夏期キャンプの場合、日中の炊事は暑さが最大の障害となり、身体の不調を招きやすいからである。 ◇このサバイバルゲームは、最初から最後まですべて子どもたちが協力し合い、自主的に行動しないかぎり、人間が生きていくうえで最も大切な食事に結びつかない切迫した感情のもとに行われる。だからこそ、できあがった食事は彼らのすべてであり、そこで満足感と自信を得る。 ◇このゲームは、準備のため多大な労力と時間を必要とする。しかし、他のプログラム同様、可愛い子どもたちのために労を惜しんではならない。 ◇子どもたちは、食糧獲得というゲームに熱中し、かつ夕食のメニュー決定、物々交換と夢中になっており、他の事柄を考えてみる暇もなかったはずなので、ゲームの目的・狙いなどは判ってもらえる訳がない。そこで、子どもたちの記憶の新しいうちにこの体験を整理するため、夕食後の夜の集い、お話の時間の冒頭にゲームの振り返りを話題にすることが大切である。 1.食材を交換して、初めて成り立ったメニュー。それは社会の基本的な仕組みであり、恩恵であること。またそれが、現代の進歩した文明社会のできた理由であること。	

留意点	2.人間は一人では生きられない宿命の生き物であること。友情、共存、他人に対する思いやり等の大切さ。ひいては自己中心等の考え方の誤りを説明するとともに、自分が生きる社会を維持するために不自由、不便さを感じてもルールを自ら守らねばならないこと等。 ◇もしこの最後の締めくくりがなければ、子どもたちは単にゲームに熱中し、食事に満足したまま終わってしまう。彼らがそこまで考え気付くには、まだ年齢が若すぎるのである。 ◇このゲームは、夕食の食材を各班が「ハンターゲーム」の方式で獲得しあうもので、一見、子どもたちには過酷で優勝劣敗的な感じがあるが、ゲームの結果は多少の過不足はあっても、栄養的に問題が生じるようなものではない。
安全管理	◇ゲーム性を高めようとするあまり、食材の隠匿場所が危険を伴わないように注意する(高所への隠匿、発見者が多数集まった場合を想定しての危険回避等)。 ◇エリア内に棘のある植物、ススキなど手を切りやすい植物がある場合は、事前に刈り取っておくか、参加者に軍手を着用させる。 ◇多少のデコボコは仕方ないが、走っている者が転んでしまいそうな穴がないよう事前に確認し、整備する。 ◇参加者は予想以上に真剣になるため、複数のハンターがほぼ同時に獲物を獲得した場合を想定し、「同時は即じゃんけん!」などのルールを設け、いたずらに争い事・もめ事が発生しないよう注意する。

<table>
<tr><td>内容</td><td colspan="3">◇牛肉を焚火で乾燥させ、携行保存できるようにし、野営(ビバーク)の際の携行食を作る。
◇この方法は、小野田さんがフィリピンでの30年間の遊撃行動期間中、射殺して獲得した牛肉を一晩で牛肉の腐敗を防止し、かつ重量を軽減（約50%）させ、翌朝より何時でも携行移動できるように考察したものである。</td></tr>
<tr><td>目的・ねらい</td><td colspan="3">◇野営(ビバーク)の際の携行食を自分たちで作ることにより、野営に対する意気込みと期待感を高める。
◇山の中で生活する際の食糧確保のたいへんさ、大切さを学ぶ。
◇贅沢な食生活に慣れた現代っ子に対し、質素な食事でも充分に味わい、食することができることを教え、食に対する感謝と喜びの心を育む。</td></tr>
<tr><td>実施場所</td><td colspan="3">◇調理は炊事場、火力乾燥は炊事場周辺</td></tr>
<tr><td rowspan="3">スタッフ人員</td><td rowspan="2">準備時</td><td>2名以上</td><td>牛肉ブロックの準備(厨房担当者)</td></tr>
<tr><td>6名以上</td><td>火力乾燥用のかまど(燻製棚)の製作</td></tr>
<tr><td>実施時</td><td>チーフ1名
補助2名</td><td>説明：小野田塾長（小野田自然塾の場合）
かまど番：2名以上</td></tr>
<tr><td>準備用品</td><td colspan="3"><牛肉>一塊5キロ程度のブロック肉
<実習会場>テーブル、まな板：2枚、包丁：2本、端肉を入れるボール、肉を刺した串を入れる容器
<かまど(燻製棚)>支柱：4本、棚：8本、串：班数×4本
<薪>8時間分のよく乾燥したもの。不足のないよう集積する(燃やして悪い臭いのしない木を選ぶ)。焚火は飯ごう炊飯と同等の火力があればよいので、必要以上に太い薪はいらない。(50～60mm)。
<バケツ>火力低減用の水を入れておく。</td></tr>
<tr><td>準備手順</td><td colspan="3"><牛肉の用意>
◇牛肉は脂をできる限り切り落とし、5キロ程度のブロックに分ける(班数分)。
<かまど(燻製棚)の作成>
◇かまど(燻製棚)は、記事の写真のように組み立てる。
◇串の作製：直径10mm 長さ600mm を基準とする串を作成する。先端は肉を刺す関係上、鋭利にする。また、取っ手部分を残して、木の皮を剥いておく。
◇串にする木は、真っ直ぐで悪臭のしないものを選ぶ(桜などが最適)。
<実習会場>
◇各班のテーブルを円形に配置し、説明や実演が良く見えるように配置する。
◇各テーブルには、衛生管理のためテーブルクロスの代用として、ビニール袋を敷き、テープで固定しておく。
・包丁、まな板は、安全面、衛生面の両面から、作業に取り掛かる直前に配布できるよう準備しておく(説明終了までは、配布しない)。</td></tr>
</table>

<table>
<tr><td rowspan="4">実施手順</td><td colspan="2">◇事前にレクチャーを行う。
◆肉の切り方
◆串への刺し方
◆その他
◇以下の要領で指導を行う。</td></tr>
<tr><td>肉の切り方</td><td>1.肉の繊維の方向を読み取り、繊維に沿って切っていく。
→繊維を横方向に断絶してしまうと、そこから栄養分が出てしまう。
2.肉はできる限り同じ大きさ、厚さに切り分けていく。目安は、幅50mm、長さ60～80mm、厚さ15mm。ちょうどタバコの箱の大きさである。特に、幅は均一にする。
3.規格外に幅の大きなものが同一の串に混ざると、棚に串を並べたとき、その肉だけ隣の肉に接触して乾燥不良になってしまう。</td></tr>
<tr><td>串への
刺し方
並べ方</td><td>1.上部より20mm程度のところに串を刺し、隣の肉と互いに触れ合わないよう間隔を保つ。
2.目安としては、1本の串に9～10枚。
3.肉は必ずしも同じ厚さに調理できないため、分厚い肉を中央部に、薄い肉を両端側に配列するように刺す。
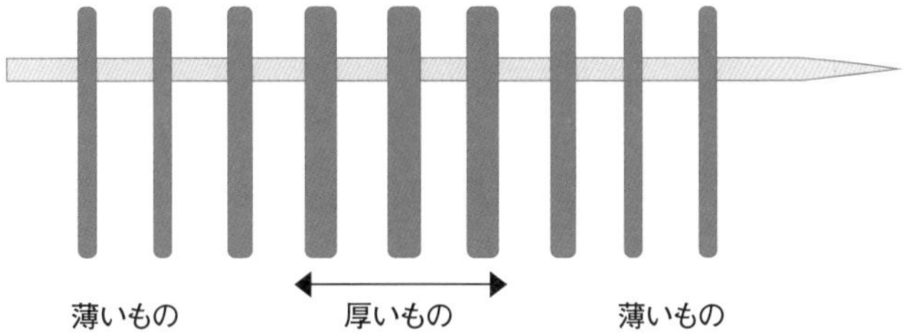

4.棚に並べるときも、同様に隣の串の肉と接触しないように配列する。互いの肉が接触していると熱気が通り抜けないため、その部分は乾燥しない。</td></tr>
<tr><td>熱処理法
(焚火の
要領)</td><td>1.焚火は、カマド内の2個所で行う。
2.焚火の強さは、絶対に燻製する肉の下端で摂氏100度近くにならないように保つ。
3.肉の下端に手を差し入れて2秒間くらい我慢できる熱さを常に保つ(摂氏70～80度)。
→なお、手が熱さを感じても我慢できる温度は摂氏60度程度である。基準として覚えておくとよい。
4.火を燃し始めて、肉の脂が溶けて垂れ落ちるのは仕方ないが、肉汁が垂れる場合は、熱風が既に100度を越えて肉が煮えるか、燃え始めた場合の現象であるから、直ちに焚火の薪を少なくして火勢を落とし、温度を下げることが肝要である。</td></tr>
</table>

<table>
<tr><td rowspan="3">実施手順</td><td>熱処理法
(焚火の
要領)</td><td>5.もし、この状態を放置すると、肉が焦げて鰹節同様の乾燥した仕上がりとなり、後日、煮戻したときに硬くて食用に供せぬものとなる。また、まったく味の抜けた不味いものになる。
6.時間の経過に伴い、焚火の焔が小さいようになっても、おき火が多くなると温度が上昇することを覚えておかねばならない。</td></tr>
<tr><td>串の
差し替え</td><td>1.風向きにより、棚の手前あるいは奥側、または左右のいずれかに熱風が流れることがある。この場合、肉の仕上がり具合に応じて、串のかけ替えを行う必要がある。
2. 多量の肉を処理するため、棚が2段あるいは3段になる場合は上下の交換を行う。
3.微風の場合でも、左右両端それぞれ1本ずつは乾燥の進みが遅いのが普通である。したがって、適時、中央部と差し替える必要がある。
4.総じて、万遍なく平均して乾燥が進むよう着意する。</td></tr>
<tr><td>完成</td><td>1.完全に保存できるまで乾燥を必要としないため、市販されている燻製に近いものがよいと考える。したがって、肉の表面が乾燥し始めた程度で、一応焚火を中止する。</td></tr>
<tr><td>参加者の持ち物・服装</td><td colspan="2">特になし</td></tr>
<tr><td>留意点</td><td colspan="2">◇この方法は、小野田さんがフィリピンでの30年間の遊撃行動期間、射殺して獲得した牛肉を一晩で肉の腐敗を防止し、かつ重量を軽減(約50%)して、翌朝より何時でも携行移動できるように考察したものである。したがって、一般の燻製法とは手法、味ともに異なる。軽快な遊撃行動に適合させるため、単に短時間でできる腐敗防止と軽量化の処理が目的である。

利点
1.食塩を必要としない。
2.湿気を吸うことが少ない(雨天時)
3.塩漬、天日乾燥肉ほどには軟らかく煮戻らないが、煮戻しが可能である。
4.燻室を作る必要がない。

短点
1.熱効果不良のため、薪を多く必要とする。

＜棚の設置場所＞
◇地形・地物が許せば、風が通り抜けない場所に燻製棚を設置できれば好都合である。
◇昼夜風向きの変化に着意し、左右の横風になるようにできれば良い。
◇適宜の材料(トタン板、ダンボール等)があれば、風除けを設けて熱気が真直ぐに上方に昇るようにすれば効果は倍増する。</td></tr>
</table>

留意点	<肉の保存について> ◇完全に乾燥をさせていないため、2～3日は常温での保存も可能であるが、それ以上は冷蔵庫での保管が必要である。 ◇また、時間の経過と共に内部の水分が出始めるため、ビニール袋のように通気の悪いもので保存するとカビ発生の原因となる。新聞紙に包む等、通気を良くすることが重要である。
安全管理	◇日常ではあまり体験することのない大きな塊の肉を切るため、通常とは違った動きが想定される。包丁を使用する際は特に注意する。 ◇串は鋭利に処理されている。手を刺さぬよう、刺し方・持ち方を指導し、注意を促す。 ◇当然のことではあるが、生の肉を触るため、作業に取り掛かる前には石鹸などによる手の洗浄を徹底させる。
参考	先述の通り、一晩の処理で肉の重量は約半減し、かつ2～3日の腐敗は防止できるが、完全に乾燥し長期保存してもカビが生えない状態にするためには次の処理が必要である。
	1.一晩乾燥した肉を串から抜き外す。 2.串を横木に簾(すだれ)のように隙間を空けて固定する(肉がこぼれ落ちないだけの隙間を作る)。 3.外した肉の乾燥度の低いものを中央部に、書籍を並べるように次々に積み上げていく(平積みしては熱風が抜け通らない)。 4.焚火をして熱風を上げると、当初は全く熱風が肉の隙間を抜けてこない。 5.やがて、熱風が抜け始めると、手をかざすと水蒸気で手が濡れる。 6.さらに燃し続ける。乾いた熱風が軽く抜けてくるようになる(積み上げた肉全体の温度が上り、かつ肉表面の湿気がなくなった証拠である)。 7.薪の使用量を軽減するため、乾燥を急がなければこの程度で焚火を中止し、12時間後の翌朝(または翌晩)、同様のことを繰り返す(小野田さんの場合、敵や住民に発見されないようにするため行っていた)。 ※加熱した肉を放置すると冷却し収縮し、肉中心部の未乾燥部分の水分が収縮の圧力と時間の経過に伴って表面乾燥部へ浸透する。それを利用して労力を省略する方法である。
	◇小野田さんの場合、敵や住民の山中侵入を考慮しなくてもよい場合は、朝・晩2回の焚火を繰り返し、5日間(10回)で完全に乾燥した。 〈完全乾燥の判別法〉 ◆完全に乾燥した肉は、半日放置しても肉の表面が茶黒くくすんだ色で、全く光沢がなくなるので判別することができる。 ◆もし、まだ内部に水分を含んでいる場合は、半日間の放置で肉の表面に湿りが現れ、指を触れると醤油を濃縮したような粘状の液が付着する。

<table>
<tr><td>参考</td><td colspan="2">◆完全に乾燥していれば、缶に密閉して保存してもカビが発生することもなく、1年間の保存に耐える(それ以上の保存経験はない)。</td></tr>
<tr><td>付記</td><td colspan="2">以上の方法は、下記の点を配慮したことから考えられたものである。
1.遊撃行動しているときは多量の食塩を常時携行不可能であり、かつまた肉の獲得は敵状との関係および放牧牛の所在地との関係で、常に同一場所を利用して燻製処理することは不可能である。
2.小さな島の限られた行動範囲において潜在・潜伏・潜行を繰り返している者にとっては、たとえ乾季中でなお充分な食塩を確保していても、白日の太陽光線を受ける広い空間に塩漬肉を並べて天日乾燥を行うことは、敵や住民に自己の位置を発見される危険が大きい。
〈参考〉牛肉70kg程度を乾燥する場合、3時間30分程度で完了することができた。</td></tr>
<tr><td rowspan="2">その他の方法
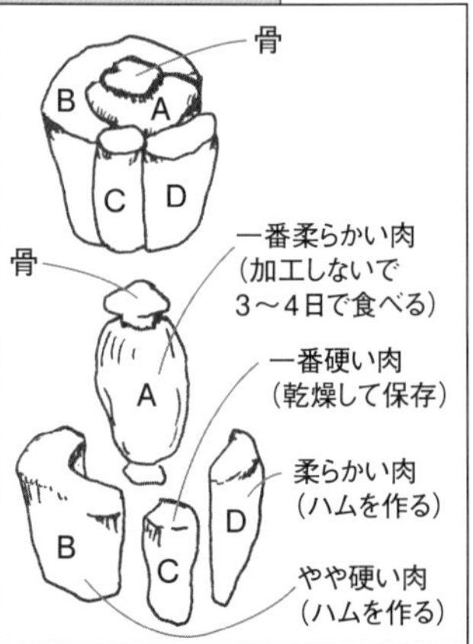
</td><td>急速乾燥法</td><td>◇もし肉が少量で、かつ一晩で完成しなければならない場合は、肉を薄く切り(5mm)、串に縫うように開いて刺し(魚の開きのように)、焚火は熱を考慮することなく、高熱で仕上げればよい。
◇この場合、できあがった肉は半ば煎餅状となり、その点、携行食として利用することができる。
◇ただし、この方法は肉処理に多大な時間を要し、かつ串の数も多い。したがって燻製棚も幅広く、掛棚も三段を備える必要があるため、小野田さんの場合は例外として実施した。</td></tr>
<tr><td>疑似ハム的な簡易作成法</td><td>◇一つの場所に数日(一週間以内)滞在する予定があり、一方、肉をローストにして保存する容器が不足している場合は、できるだけ柔らかく食べやすい肉を保存したいため、焚火の周囲に大きな肉の塊を立てて置いて徐々に水分を蒸発させて、腐敗を防止することができる。
◇小野田さんの体験では、一つの場所で燻製肉が完成するまでの日数は、おおよそ6～7日間。初日は徹夜で10時間程度、2日目から7日目までは、朝・夕2回1時間30分～2時間(最終日に近づくにしたがって短時間となる)焚火を続けたが、この期間、肉は焚火の傍に焦げない程度の距離に置いておくだけである。
◇大きな肉の塊とは、後肢・前肢にある(要図下段後ろ足参照)、B-C-Dの肉(前肢にはDに似た筋肉あり)のようにそれぞれ独立した筋肉の塊のことを指す。
◇独立した筋肉は、それぞれ薄い膜に覆われており、筋肉の断面が面積的に少ないことからこの方法に適している(断面の大きな肉は、表面が早く乾燥して硬くなって適さない)。
◇風向きにより、位置を風下に選ぶ。初日に行う徹夜の焚火のときは、だいたい2時間程度で表裏の向きを交換する。
◇燻製の肉と同様、肉汁の垂れないよう(煮えない・焦げない)、置く位置を加減する。</td></tr>
</table>

第5章

水辺の安全教室とB&G財団の活動

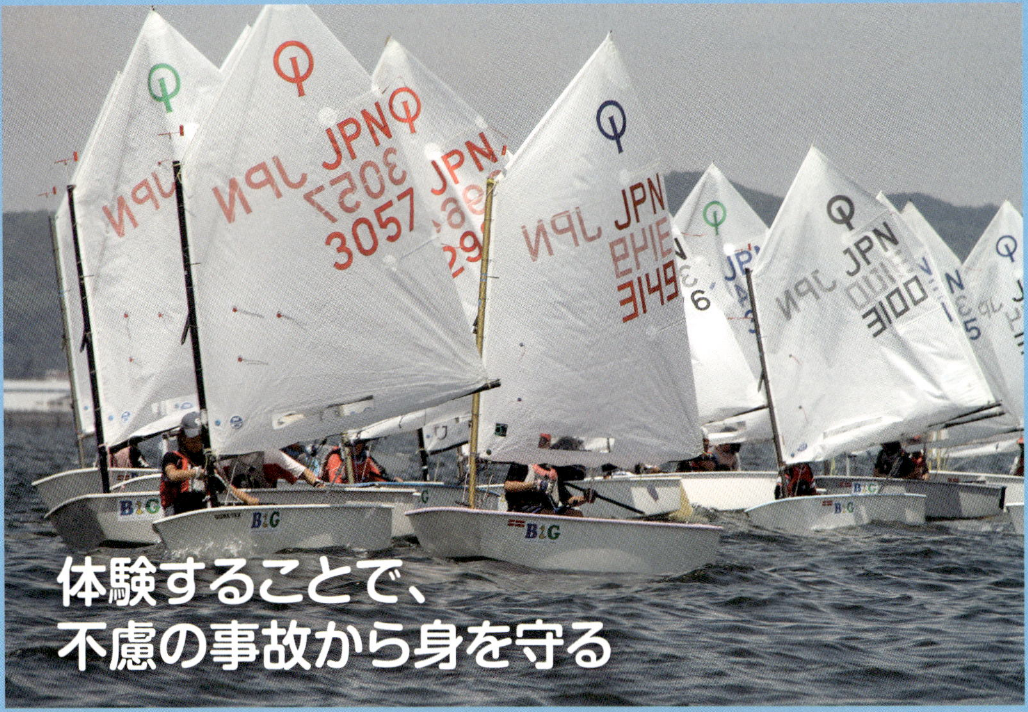

体験することで、
不慮の事故から身を守る

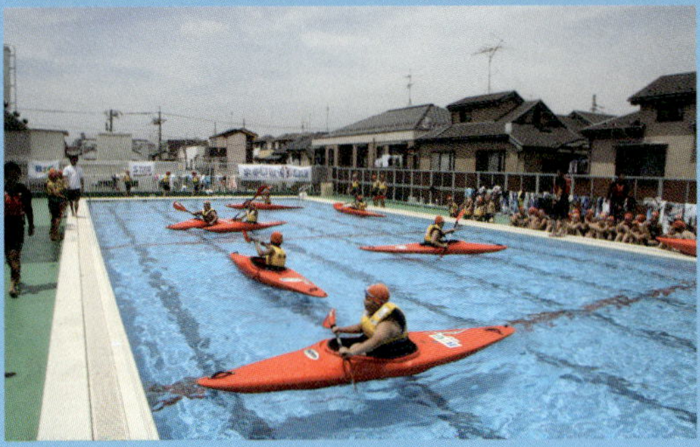

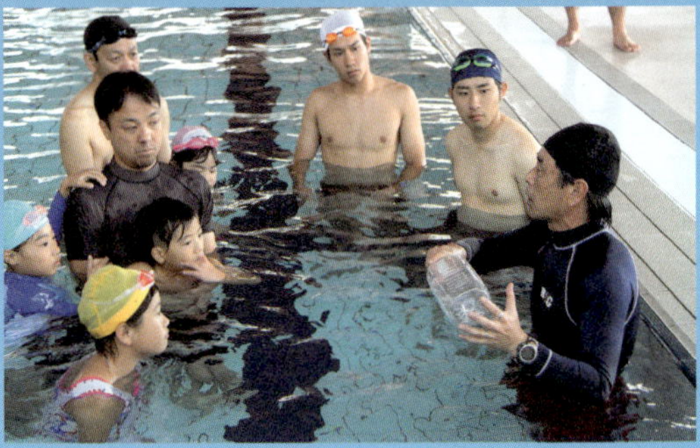

● 水と親しみながら、身の安全への理解を深めよう

キャンプなどの自然体験は“道徳観や正義感”を養うなど、子どもの健全な成長に欠かせない要素であることが認識されています（※1）。そのため、海洋基本法の施行、教育基本法の改正、青少年体験活動総合プランの推進など、全国で子どもたちへの自然体験を推進する取組みが始まっています。

ところが、海や川などで毎年発生する水の事故は、子どもたちへの「自然体験」の機会を減少させる大きな要因となっています。WHO（世界保健機関）が公表した2005年度の国別死亡原因リストによると、日本の溺死者数はイギリスの約12倍、オランダの約9倍と先進諸国のなかでは特に高く、国内のデータ（※2）を見ても、溺死・溺水は不慮の事故死のうち交通

ライフジャケットを着用して水に浮く体験を行う子どもたち。一度でも体験していれば、いざというときに慌てずに済みます

事故に次いで２番目に高い数字となっています。

こうしたことから、各自治体に地域海洋センター施設を無償譲渡して青少年のマリンスポーツ活動を支援しているB&G財団では、子どもたちに水と親しみながら身の安全への理解を深めてもらおうと、ライフジャケットの着用体験やペットボトルを使った救難法などを取り入れた、「水辺の安全教室」を全国で展開。東京都内では授業に取り入れて成果を上げている小学校も出ており、プールや海などが利用できる条件に合えば「B&G親と子のふれあいキャンプ」でも実施しています。

※1：国立青少年教育振興機構・平成21年度調査より「自然体験の多い小中学生ほど道徳観・正義感が身についている傾向にある」というデータが集計されています。
※2：平成18年度 厚生労働省の人口動態統計（1～14歳）によります。

浮き身の体験。体の力を抜き、怖がらずに頭を下げれば呼吸が確保できます

プールを使ってカヌーも体験。楽しい遊びを取り入れながら教室を進めます

紙芝居を使って分かりやすく水辺の安全知識を伝えます

「着衣泳」と「ペットボトル浮遊」の体験。水を吸って衣服が重くなっても、1本のペットボトルで浮いていられます

B&G財団が行っている「水辺の安全教室」のおもなプログラムを紹介します。実施に際しては、子どもが立てる水位を確保したうえ、必ず保護者が一緒に水に入って補助してください。

体の重心の関係で足が沈みます。慌てて起き上がろうとすると、さらに沈んでしまいますが、逆に頭を下げれば下半身は浮いてきます。両手でスカーリング（あおる）しながら体勢を維持する練習をしましょう

● 基本の浮き身

泳ぎが得意でなくても、体を浮かせて呼吸さえ確保できれば、声をあげて人を呼ぶことができますし、体力を消耗せずに助けを待つことができます。

怖がらずに体の力を抜くことが第一。両手を広げて体のバランスを取りながら頭を下げると、口が上向きになって呼吸ができるようになります。また、怖がってどうしても体の力を抜くことができない子には、無理をさせないようにしてください

● 役に立つペットボトルやレジ袋

基本になる浮き身に加えて、ペットボトルやレジ袋を活用すれば、かなりの浮力を得ることができます。どうしたら効果的に浮いていられるか練習してみましょう。

ペットボトルを体に抱え込んで、浮き身の体勢を取ってみましょう。かなりの浮力を得て、楽に呼吸ができるようになります

レジ袋も、使い方1つで浮力体になります。写真中央の指導員が手にしているように、袋の口を大きく広げて反転して垂直に水に沈めると、空気を中に溜め込むことができます

空気を溜めたレジ袋を閉じて胸に当てると、浮き身の状態で楽に呼吸が取れるようになります

● ペットボトルやレジ袋の応用

ペットボトルやレジ袋を使って自分が浮いていられることを体験したら、それらを水面の人に投げ渡す練習をしてみましょう。どちらも軽くて投げにくいので、ひと工夫が必要です。

軽い材質のペットボトルは、そのまま投げても空気抵抗を受けてすぐに落ちてしまいますが、底に少し水を溜めることで重りを確保することができます

底に少し水を溜めたペットボトルは、その重りを活かすために、下手投げで放ります。空気の抵抗に負けず、遠くに届きます

● ロープの応用

手元に長いロープがあるときは、ペットボトルに巻いて投げましょう。投げ渡しに失敗しても、ロープをたぐって再挑戦できるうえ、ペットボトルをつかんだ人を岸辺にたぐりよせることができるようになります。

ロープを使ってペットボトルを投げる際は、水面にいる人の少し後方に狙いをつけます。手前に落ちたらやり直さなければなりませんが、後方に落とせばロープをたぐりながら水面の人のそばにペットボトルを近づけることができます

レジ袋も底に少し水を溜めると、投げることができるようになります

ペットボトルにロープを巻くときは、ロープワークの「巻き結び」（クラブヒッチ）が便利です

● まずは、人を呼ぼう!

水辺にいて、沖に溺れかけた人を見つけたらどうしますか。「これは大変だ」と、自ら水に飛び込んで助けに向かう人もいますが、溺れかけた人にしがみつかれて二次災害を招く場合も少なくありません。まずは大声で周囲の人に協力を求め、ペットボトルなどの浮力体を投げ与えることを考えましょう。

手を差し伸べると、強い力で引かれて自分も水に落ちてしまう場合がありますから、要注意です

棒やロープを使って助けるときも、地面に体を押さえて水に引き込まれない体勢を取りましょう

自分がしっかり陸地をつかんだうえで、足を差し出しましょう。この体勢なら、強い力で引かれても自分が水に落ちる心配はまずありません

● ライフジャケットの着用

さまざまなマリンスポーツで使うライフジャケットを着用し、実際に水に浮いてみましょう。どのようにして浮いていられるのか体験しておくと、実際に使うときに不安を招くことがありません。

ライフジャケットを着用する際は、必ず股のベルトも締めます。単に羽織るだけでは、水圧を受けたライフジャケットが上に跳ね上がり、首を圧迫してしまいます

着用後、「水に入ってごらん」と言うと、うつぶせになって泳ごうとしました。しかし、これでは口に水が入りやすく、体の安定も良くありません

ライフジャケットは、あおむけの状態で使うようにデザインされています。この状態なら、しっかり呼吸することができます。これを知るだけでも一度体験しておく価値があります

● 合言葉は、「スポーツ・健康・人づくり」

B&G財団は、青い海（ブルーシー）と緑の大地（グリーンランド）を活動の場として、海洋性レクリエーションをはじめとする自然体験活動などを通じて、次代を担う青少年の健全育成と幼児から高齢者まで国民の皆様の“心とからだの健康づくり”を推進しています。

設立されたのは昭和48年（1973年）で、これまでにボートレースの収益金をもとに体育館、プール、艇庫からなる地域海洋センター施設を、全国480カ所に建設。運営が軌道に乗ったあと、各地元自治体に無償譲渡してきました。

その一方、施設を有効活用するため、水泳やヨット、カヌーなどに精通した各種B&G指導員を養成。現在、その数はマリンスポーツ指導員としては全国最大規模の1万7,000人以上に達しています。

「B&G全国ジュニア水泳大会」に参加した子どもたちに、レースの感想を聞く中村真衣さん（シドニーオリンピック背泳ぎ銀メダリスト／B&G財団理事）

また、近年において少子・高齢化が進むほか、青少年・親子問題や学校教育、人々の健康に対する意識など、社会的な環境が大きく変化したことを受け、創立30周年を迎えた平成15年からは、施設建設を中心としたハード事業から現代の社会情勢に対応したソフト中心の事業へ大きく転換。「スポーツ・健康・人づくり」を合言葉に、幼児から高齢者までを対象にした各種「健康づくりプログラム」をはじめ、親子の絆を深める「B&G親子ふれあいキャンプ」や、学校とも連携しながら進める「水辺の安全教室」、地域の環境学習に重点を置いた「水に賢い子どもを育む年間型活動プログラム」といった、さまざまなソフト事業を推進しています。

B&G財団は、地域海洋センター・クラブで練習に励む小中学生を対象にした全国大会を、水泳、カヌー、ヨットの各種目において毎年開催しています

「水に賢い子どもを育む年間型活動プログラム」で、地元の川の生態を調べる子どもたち。各地の小学校で、総合的な学習の時間に導入されています

平成24年度からは、宮脇 昭 横浜国大名誉教授の指導のもとで、「海を守る植樹事業」を全国で展開しています

「転倒・寝たきり予防プログラム」に参加する地域の皆さん。B&G財団は、幼児から高齢者までの健康支援活動にも、力を入れています

地域海洋センターの活動を推進するため、これまでに1万7,000人以上の各種B&G指導員を養成しています

地域海洋センター所在自治体の首長が一堂に会して、「B&G全国サミット会議」を毎年開催。事業内容や今後の活動方針などが話し合われます

※B&G財団の事業は、ボートレース業界、日本財団の支援を受けて実施しています

● 全国のB&G地域海洋センター、地域海洋クラブ

B&G財団は、これまでに全国480カ所に地域海洋センターを建設。子どもたちのスポーツ活動を支援する地域海洋クラブも、281カ所が登録されています。

「B&G親と子のふれあいキャンプ」は全国のブロックごとに実施されており、平成24年度は全ブロック計30回（参加673人）のキャンプが行われました。

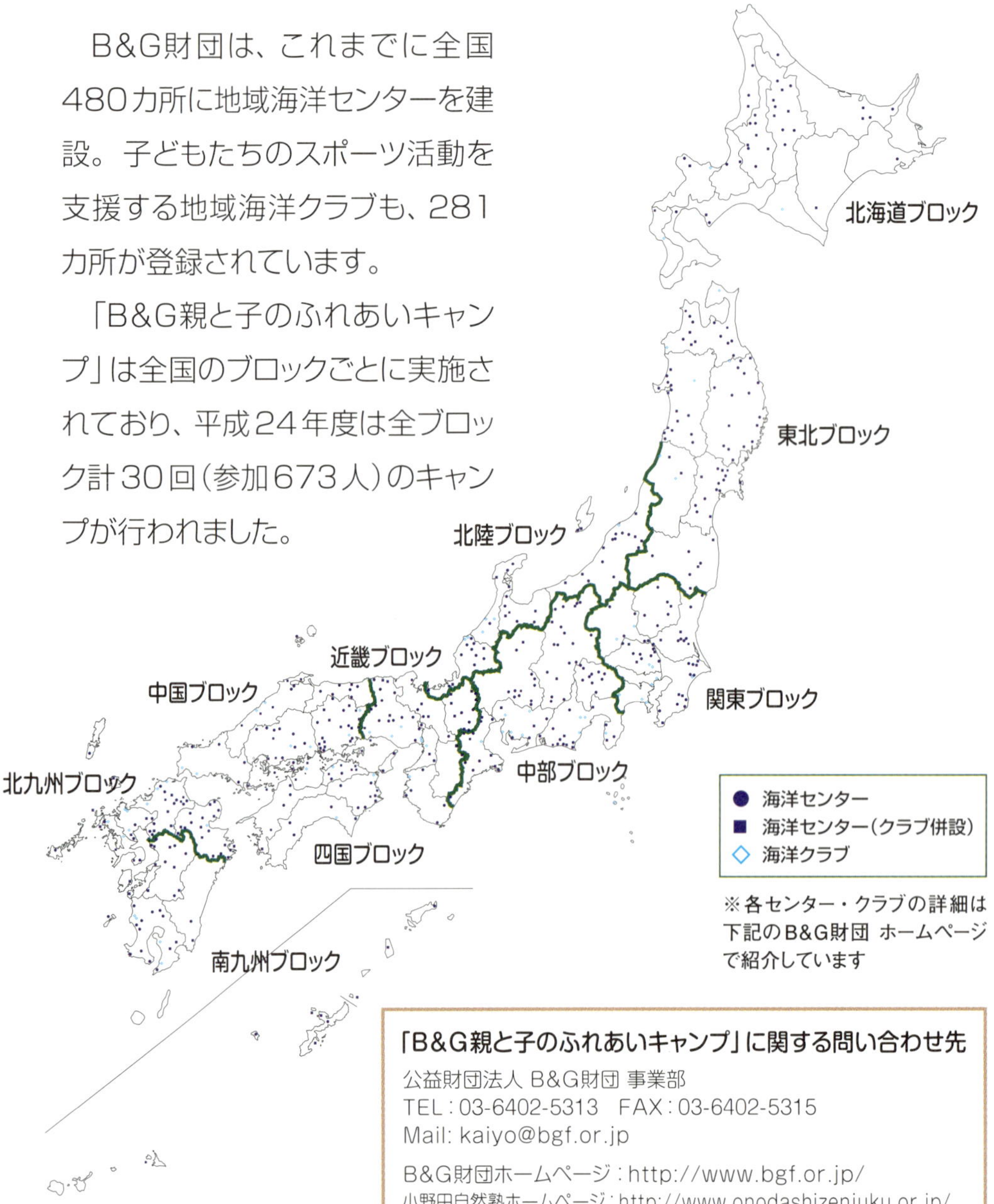

北海道ブロック
東北ブロック
北陸ブロック
近畿ブロック
中国ブロック
関東ブロック
北九州ブロック
中部ブロック
四国ブロック
南九州ブロック
● 海洋センター
■ 海洋センター（クラブ併設）
◇ 海洋クラブ

※各センター・クラブの詳細は下記のB&G財団 ホームページで紹介しています

「B&G親と子のふれあいキャンプ」に関する問い合わせ先

公益財団法人 B&G財団 事業部
TEL：03-6402-5313　FAX：03-6402-5315
Mail: kaiyo@bgf.or.jp

B&G財団ホームページ：http://www.bgf.or.jp/
小野田自然塾ホームページ：http://www.onodashizenjuku.or.jp/

あとがき

いじめ、校内暴力、引きこもりなど、子どもたちをめぐる問題が毎日のように報道されています。小野田さんは、子どもの本質である野性的な心が忘れ去られ、生きるための本来の感覚を失ったことが、最大の要因だと語っています。

雨、風、気温、生き物等の状況が刻々と変わっていく状況で自然体験活動をすることは、外的な環境の変化に対して自ら対処できる能力を養うことができ、環境に順応・対応していく知恵を養います。ジャングルで30年間もがんばった小野田さんの知恵と勇気をもとに、より多くの子どもたちがたくましく成長してほしいと願います。

また、「東日本大震災」では、多くの方々が体育館やテントでの寝泊り、野外炊飯といった非日常の生活を強いられました。このような災害に備えるためにも、キャンプを通じて自ら考えて行動する「生きる力」を養い、親子で協力し仲間と助け合いながら人の絆の大切さを学んでいただきたいと思います。

「**自分ではどうすることもできないと思っていることでも、本当はどうにかしようとしていないだけ。できない理由が分かればしめたもの。それを解決すればできるのだから**」（小野田寛郎語録）と言って、小野田さんは子どもや保護者の皆さんの背中を押しています。

最後に、本書を出すにあたり、小野田さん、ならびに日本財団の笹川陽平会長から激励の言葉をいただいたことに心より感謝いたします。また企画の段階でアドバイスをいただいた小野田自然塾の近藤洋成さん、原 充男さん、そして出版にあたって協力していただいた舵社の皆さまにも、この場をお借りしてお礼を述べさせていただきます。

平成25年3月吉日　吉田哲朗（B&G財団常務理事）

2013年4月18日　初版第1刷発行
2013年7月1日　第2版第1刷

著作制作
公益財団法人 ブルーシー・アンド・グリーンランド財団　会長：梶田 功
〒105-8480　東京都港区虎ノ門3－4－10
TEL：03-6402-5310

監　修
一般財団法人 小野田自然塾　理事長：小野田寛郎
〒104-0051　東京都中央区佃1-10-5　TEL：03-3533-7895

発行者
大田川茂樹

発行所
株式会社 舵社
〒105-0013
東京都港区浜松町1-2-17 ストークベル浜松町
TEL：03-3434-5181（代表）、03-3434-4531（販売）
FAX：03-3434-5860

写　真
公益財団法人 ブルーシー・アンド・グリーンランド財団
宮崎克彦（舵社）

イラスト
さがわ かすみ
国方成一

編　集
B&G財団：吉田哲朗　姫野洋児　東條剛之　市川和彦
舵社：星野 淳

装丁・デザイン
熊倉 勲（舵社）

協　力
日本財団
〒107－8404　東京都港区赤坂1-2-2 日本財団ビル　TEL：03-6229-5111

印　刷
株式会社 大丸グラフィックス

ISBN978-4-8072-1132-6

小野田さんに学ぶ
親子で楽しむキャンプ術